Birgit-Cathrin Duval

kraftorte
IM SCHWARZWALD

**Wandern im nördlichen Schwarzwald
und Nationalpark**

Oertel+Spörer

Inhalt

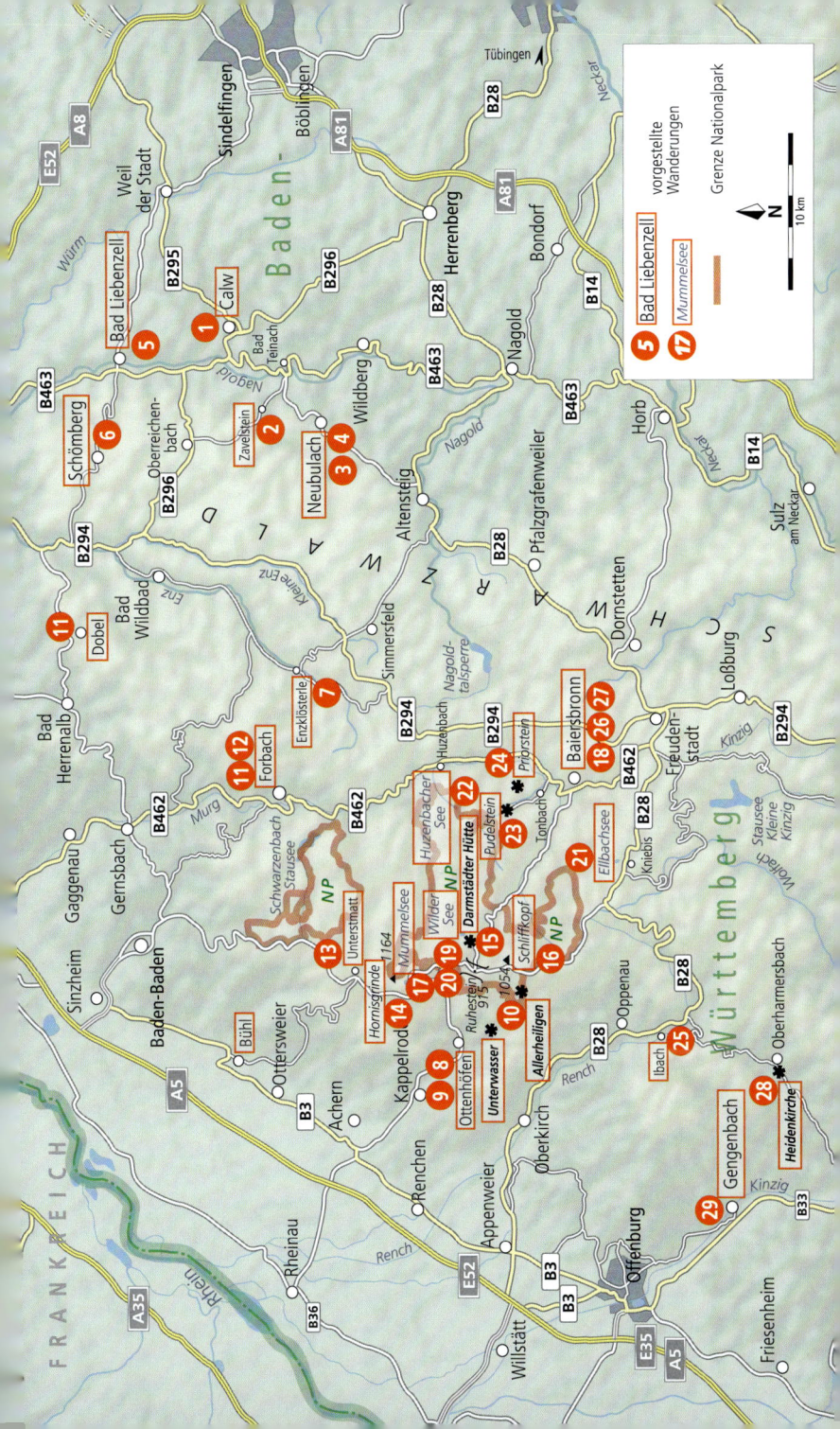

Vorwort

Der Schwarzwald ist ein Ort voller spannender Geschichten. Mit jedem neuen Tag ereignen sich allerorten neue Geschehnisse, die einen Ort prägen. Geschichten aus der Vergangenheit strahlen bis in unsere Gegenwart hinein. Vergangenes trifft auf Gegenwärtiges. Sie prägen den Ort und erzählen seine Geschichte, oft über viele Jahrhunderte und Jahrtausende hinweg. Erst die Geschichte verleiht dem Ort seinen besonderen Charakter. Die Natur hat über Jahrmillionen hinweg ihre archaischen Kräfte entfaltet und eine faszinierende Landschaft gestaltet. Den Menschen war der Schwarzwald früher nicht geheuer. Es war ein finsterer, undurchdringlicher Wald. Man nannte ihn „Silva Nigra", schwarzer Wald, und glaubte, dass dort böse Geister hausen. Heute ist der Schwarzwald eines der beliebtesten Naherholungs- und Feriengebiete Deutschlands. Kuckucksuhren, Schwarzwälder Schinken, rote Bollenhüte und Schwarzwälder Kirschtorte sind weltweit bekannt.

In diesem Buch geht es um Kraftorte. Orte, an denen wir zu neuen Kräften kommen. Orte, in denen wir in der Natur zu unseren Urkräften finden. In Berührung mit Luft, Wasser, Erde und Holz innehalten und sich auf die wesentlichen Dinge im Leben konzentrieren. In der Natur sind wir anderen Gesetzen unterworfen. Licht und Dunkelheit, Sonne und Regen, Hitze und Kälte. Indem wir uns diesen Elementen aussetzen, öffnen wir uns für Neues. Wir hören den Wind, wie er durch die Tannen rauscht, wir spüren sprudelndes Quellwasser, das den Berg hinab rinnt, und erleben, wie wir Schritt für Schritt auf neuen Pfaden gehen. Wir werden auf natürliche Art geerdet.

Dieses Buch beschreibt Wege und Orte, zu denen ich gerne zurückkehre, um neue Kraft zu schöpfen. Jedes Mal, wenn ich den Ort aufsuche, erlebe ich ihn anders und werde selbst Teil seiner Geschichte. Diese Geschichten möchte ich Ihnen in diesem Buch erzählen und

◄ *Vorige Seite: Der Wilde See im Nationalpark Schwarzwald*

Sie ermutigen, sich aufzumachen und ihre eigene Geschichte zu schreiben. Erleben Sie alte Sagen, die den Ort prägten und lernen Sie Schwarzwälder Charaktere kennen, die mich mit ihrem Lebensstil beeindruckten.

Seit Erscheinen der ersten Auflage hat der Schwarzwald nichts von seiner Anziehungskraft verloren – im Gegenteil. Der Schwarzwald-Tourismus verzeichnete 2017 ein neues Rekordjahr und steht weiter an der Spitze als beliebteste Ferienregion in Baden-Württemberg. Besucher des Schwarzwalds schätzen das Ursprüngliche, Authentische und die Natur, insbesondere die wilde Landschaft des Nationalparks. Und natürlich sind es die Geschichten und Sagen, die den Mythos Schwarzwald prägen und ihn weltweit als „Black Forrest" bekannt machen.

Kommen Sie mit auf Entdeckungsreise in dieser zweiten, überarbeiteten Auflage zu sagenhaften Orten, Plätzen und Wegen und erleben Sie die Mythen und Sagen des Schwarzwalds in einer neuen Dimension!

Mein Wunsch ist es, dass Sie Lust bekommen, die Wanderstiefel zu schnüren und den Rucksack zu packen. Erleben Sie, wie Sie beim Wandern in der ursprünglichen Landschaft mit den Urkräften der Natur in Berührung kommen und für den Alltag neue Kräfte schöpfen.

Birgit-Cathrin Duval, im Frühjahr 2018

Der nördliche Schwarzwald

Dunkle Moorseen und Tannenwälder, Hochmoore und Grinden prägen das Landschaftsbild des nördlichen Schwarzwalds. Der Schwarzwald ist zum Inbegriff von Natur, Erholung, Genuss und Heimatgefühl geworden. Als „Black Forest" ist er weltweit bekannt und hat sein angestaubtes Image längst hinter sich gelassen. Der Schwarzwald ist attraktiver und beliebter denn je. Traumhafte Landschaften, gut ausgeschilderte Wanderwege, urige Wanderhütten und echte Schwarzwälder Gastfreundschaft machen den Schwarzwald zu einer der beliebtesten Reisedestinationen.

Der Schwarzwald überrascht mich immer wieder mit neuen Facetten. Ob Frühjahr, Sommer, Herbst oder Winter, jede Jahreszeit ist faszinierend, jedes Wetter zeigt den Schwarzwald in einem anderen Gewand. Natürlich ist es schön, bei strahlend blauem Himmel über die Hornisgrinde zu wandern. Genauso faszinierend ist es, die Hornisgrinde bei eisigem Wind im Winter zu erleben. Und wenn Nebel den Tannenwäldern geisterhafte Strukturen verleiht, versteht man, weshalb es gerade dort so viele Mythen von Geistern und Hexen gibt.

Der nördliche Schwarzwald fasziniert mit seinen Landschaften, die vom Heckengäu über malerische Hochplateaus bis hin zu weiten Tälern und sanft geschwungenen Bergkuppen reichen. Ich besuchte die Hermann-Hesse-Stadt Calw, wanderte zu den Krokuswiesen von Zavelstein, begab mich zu einer versteckten Raubritterburg, ging in Neubulach unter Tage, durchwanderte das traumhafte Monbachtal und suchte nach meinem Glück in der Glücksgemeinde Schömberg.

Ich wanderte zu verwunschenen Seen, erlebte ein alpines Abenteuer am Karlsruher Grat und bewältigte im Winter den legendären Westweg.

Abendstimmung im Nationalpark mit
Blick auf das Bannwaldgebiet Wilder See ▸

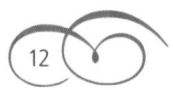

Die Ranger des Nationalparks zeigten mir die wilde Schönheit des Wilden Sees, ich beobachtete einen Auerhahn aus nächster Nähe, schlief unter freiem Sternenhimmel und sah in der Heidenkirche in Oberharmersbach blaue Irrlichter leuchten.

In Baiersbronn traf ich den Köhler bei seinem Meiler, badete beim Schwarzwald-Bader unter freiem Himmel, wanderte mit Kräuterwirt Friedrich Klumpp durch die Wälder und lernte vieles über essbare Pflanzen und Kräuter.

Immer wieder stieß ich auf Geschichten und Legenden aus längst vergangenen Zeiten, die nichts von ihrer Fantasie und Spannung verloren haben.

Ich lernte neue Wege kennen, traf auf urige Schwarzwälder, fuhr durch mir unbekannte Ortschaften. Und mit jedem Mal bin ich aufs Neue fasziniert von dieser urwüchsigen Landschaft, von der klaren Luft, den dichten Wäldern, den Hochmooren und Weiden. Der Schwarzwald ist eine Seelenlandschaft. Er muss erlebt werden, mit allen Sinnen.

Nationalpark Schwarzwald – eine Spur wilder

„Back to the Roots" – zurück zu den Wurzeln. Im Nationalpark Schwarzwald darf der Wald das tun, was er schon immer tat, bevor der Mensch kam und ihn bewirtschaftete: wilder Wald sein. Wenn man früher den Schwarzwald als „silva nigra", als dunklen, undurchdringlichen Wald bezeichnete, können wir heute nur erahnen, wie der Wald damals ausgesehen hat.

▲ Die Nationalpark-Schilder mit Logo sind an allen Zugangswegen zum Nationalpark angebracht

Seit dem 1. Januar 2014 ist eine Fläche von 10 062 Hektar auf dem Höhenrücken des Schwarzwalds zwischen Baden-Baden und Freudenstadt offiziell zum Nationalpark erklärt worden. Das Gebiet teilt sich in einen nördlichen Teil mit 2447 Hektar rund um den hohen Ochsenkopf, Unterer Plättig, Badener Höhe, Schwarzenbachtalsperre, Mehliskopf und Sand und in einen südlichen Teil mit 7615 Hektar über den Dreifürstenstein, Ruhestein, Schliffkopf, Sandkopf und der Zuflucht auf. Die Teilung des Nationalparks in zwei Flächen war erforderlich, weil sich zwischen den Schutzzonen Wald in Privatbesitz befindet, der bewirtschaftet wird.

Im Nationalpark ist die Natur sich selbst überlassen. Hier kann und soll sie sich frei und wild entwickeln. In den nächsten Jahrzehnten soll die Natur ihre eigenen Strukturen schaffen, selten gewordenen Lebensraum zu neuem Leben erwecken und damit heute bedrohten Arten neuen Raum zur Entfaltung geben.

Der Mensch soll die natürlichen Prozesse im Nationalpark beobachten und erleben. Dazu werden vom Nationalpark-Team verschiedene Zonen eingerichtet. In der „Kernzone" greift der Mensch nicht ein, hier ist die Natur zu 100 Prozent sich selbst überlassen. Lediglich Wege

▲ *Blick über das Bannwaldgebiet „Wilder See"*

und Besuchseinrichtungen werden in dieser Zone gepflegt, in der Pflanzen und Tiere den Vorrang haben. Besucher dürfen die Wege nicht verlassen, um den Schutz der Tier- und Pflanzenwelt zu gewährleisten.

In der „Entwicklungszone" werden die Wälder dahingehend vorbereitet, später in die Kernzone überzugehen. Dazu gehören alle Waldstücke, die noch eine gewisse Pflege und Betreuung benötigen, bevor sie sich selbst überlassen werden können. Laut Plan soll es bis in dreißig Jahren keine Entwicklungszonen mehr geben.

In der „Managementzone" befinden sich langfristig rund 25 Prozent der Fläche des Nationalparks. In diesen Bereichen wird der Wald weiterhin gepflegt. Zu diesen Flächen zählen die Feuchtheiden der Grinden sowie der Pufferstreifen zwischen der Grenze des Nationalparks und den privaten oder kommunalen Waldzonen. Der Pufferstreifen soll die Auswirkungen auf die benachbarten Wälder so gering wie möglich halten. In diesen Bereich fällt unter anderem das Borkenkäfermanagement.

Der Nationalpark Schwarzwald versteht sich nicht nur als Schutz-
zone für die Tier- und Pflanzenwelt. Er will Besuchern einen Lern- und
Erlebnisraum schaffen, in dem Natur hautnah erlebt werden kann.
Sei es beim Wandern, Radfahren, Wintersport oder beim sich einfach
draußen in der Natur aufhalten und genießen. Das Team des Nationalparks Schwarzwald hat ein interessantes Programm an Touren, Führungen und Informationsveranstaltungen zusammengestellt.

Von der Ausbildung zum Junior-Ranger über Schnitzkurse, Pilzfüh-
rungen für Kinder, Walddetektiv-Expeditionen, Übernachten im Naturcamp bis zu Exkursionen zum Wilden See, durch Bannwald und
Grinden, Gratwanderungen am Karlsruher Grat und Waldgottesdiens-
ten reicht das umfangreiche Programm für Kinder und Erwachsene.
Das vollständige Programm des Nationalpark Schwarzwald ist als PDF
über die Website erhältlich.

Informationen zum Nationalpark Schwarzwald

Besucherzentrum Nationalpark Schwarzwald im Naturschutzzentrum
Ruhestein auf der Schwarzwaldhochstraße (B 500),
Schwarzwaldhochstraße 2, 77889 Seebach,
Telefon 0 74 49/92 99 84 44
www.schwarzwald-nationalpark.de

Öffnungszeiten:

Oktober bis April: Dienstag bis Sonntag von 10 bis 17 Uhr,
Mai bis September: Dienstag bis Sonntag von 10 bis 18 Uhr.
Auch an Feiertagen geöffnet.
Geschlossen an Karfreitag, 24., 25. und 31. Dezember sowie 1. Januar.
Geschlossen im November (genaue Zeiten über die Webseite erfragen).

Hermann Hesse, Nacktklettern und warum Calw so schön ist

Calw ist die Geburtsstadt von Hermann Hesse, über die er einst sagte, dass sie weltweit zu den schönsten Städten zähle. Hesse war bekanntlich schwärmerisch veranlagt, und so darf man die doch sehr verklärte Aussage über seine Heimatstadt nicht allzu wörtlich nehmen. Doch es ist nicht von der Hand zu weisen – die historische Altstadt mit ihrem mediterranen Flair, den wunderschönen Fachwerkhäusern und kleinen Gassen hat überaus Charme und man kann verstehen, dass Hesse von dem kleinen Städtchen schwärmte. Damals gab es noch keine Parkhäuser, die heute dem Besucher einen zentralen Parkplatz bescheren, wenngleich er das optische Erscheinungsbild der Stadt etwas trübt. Ist das Auto geparkt, die lärmige Straße überquert und der Marktplatz erreicht, dann ist Calw einfach nur wunderschön und macht Lust aufs Verweilen und Entdecken.

▼ *Hesses Geburtshaus am Marktplatz (Mitte)*

Calw liegt ziemlich eingezwängt im Nagoldtal. Denn viel Platz ist in dem engen Tal zwischen Heckengäu und dem bis in die Stadt hineinragenden Schwarzwald keiner. Macht aber nichts, denn aufgrund dieser Lage blieb Calw klein und beschaulich und hat sich seinen Charme bewahrt. Betrachtet man Calw auf Satellitenfotos, fällt diese besondere Lage ins Auge: Während Calw und seine Stadtteile im Westen vom Schwarzwald wie mit einem Schraubstock umgeben sind, öffnen sich die Stadtteile im Osten zum Heckengäu hin, das durch seine offene Landschaft mit Schlehenhecken, Wacholderheiden und Streuobstwiesen geprägt ist und einen deutlichen Kontrast zu den dunklen Nadelwäldern bildet.

Wenn man durch Calws Gassen schlendert, ist Hermann Hesse allgegenwärtig. Auf der Nikolausbrücke trifft man ihn, die rechte Hand lässig in der Hosentasche, in der linken seinen geliebten Hut haltend. Die lebensgroße Bronze-Statue wurde zum 125. Geburtstag Hesses 2002 errichtet. Geschaffen hat sie der Künstler Kurt Tassotti, der sein Werk „Zwischen Verweilen und Aufbruch" nannte. Die Skulptur zeigt den 55-jährigen Hesse, wie er Anfang der 30er-Jahre bei einem seiner letzten Besuche in Calw auf der Nikolausbrücke weilte, die zu seinen Lieblingsorten gehörte. Von der Seite her betrachtet sieht er mit ernster Miene Richtung Marktplatz. Schaut man Hesse von der anderen Seite an, meine ich, in seinem Gesichtsausdruck spöttische Züge zu erkennen.

Der Hermann-Hesse-Brunnen gleich in der Nähe der Brücke plätschert wie eh und je, an Häuserfassaden finden sich Hesse-Zitate, Kneipen tragen bekannte Namen aus Hesse-Romanen, ein Café nennt sich „Montagnola", nach dem Tessiner Bergdörfchen, in dem Hesse bis zu seinem Tod 1962 lebte. Überhaupt scheint in jeder Gasse, in jeder Ecke ein literarischer Zauber präsent. Am liebsten möchte man es dem Touristen gleichtun, der verträumt im Café, Espresso trinkend in ein Buch vertieft ist. Natürlich irgendetwas von Hesse, was denn sonst.

Wer Hesses Geschichten liest, findet noch heute viele der Winkel genauso wieder, wie sie der Autor beschrieben hat. Über 24 Erzählungen, darunter seine Romane *Unterm Rad* und *Demian* spielen in seiner Heimatstadt, die er in seinen Büchern als „Gerbersau" bezeichnet, Aue der Gerber, die an den Ufern der Nagold ihr Handwerk verrichteten. Auch *Das Glasperlenspiel* beschreibt eine schwäbische Kleinstadt, mit der natürlich Calw gemeint ist.

Hesse war ein begeisterter Wanderer. Er liebte es, draußen zu sein, unterwegs zu sein in der Natur. Das Ziel war nebensächlich. Hesse ging es nicht darum, von A nach B zu gehen. Ihm ging es um das Unterwegssein und um den Genuss. Gleichzeitig war Hesse ein Getriebener, hin- und hergerissen zwischen seinem Drang nach Freiheit und Unabhängigkeit und seinem Leben als Familienmensch mit festem Wohnsitz. Sehr schön kommt das in *Wanderung* zur Geltung. In diesem Buch vergleicht Hesse seinen Wandertrieb sogar mit Liebe und Erotik. Warum nicht einfach das Buch in den Rucksack packen und unterwegs bei einer Rast einige Zeilen lesen?

Das Unterwegssein in der Natur war essenziell für Hesse. Sich in der Natur aufhalten bedeutete für ihn, sich zu erden. Ausgedehnte Wanderungen in den Bergen halfen ihm bei der Bewältigung von Sinnkrisen und Depressionen. Sein Freiheitsdrang ging sogar so weit, dass er nackt im Fels kletterte. Ein Foto zeigt Hermann Hesse wie er, einer griechischen Statue gleich, am Felsen stehend, die linke Hand an der Hüfte, mit der rechten sich am Fels stützend, versonnen in die Weite sieht, während der Betrachter auf seinen blanken, in der Sonne leuchtenden Po blickt. Die Aufnahme machte seine erste Frau Maria (Mia) Bernoulli 1910. Es ist keine Amateuraufnahme: Hesses Ehefrau war seinerzeit die erste selbstständige Fotografenmeisterin in der Schweiz.

In seiner Erzählung *In den Felsen. Notizen eines Naturmenschen* (1907) hält Hesse seine Eindrücke fest, wie er in sengender Sonne sich von Felsen zu Felsen hangelte, seine Haut aufschürfte und sich an dieser neu gefundenen Freiheit ergötzte.

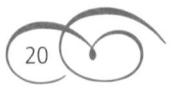

Nun muss man nicht gleich nackt im Felsen hängend seinen Freiheitsdrang ausleben, wie es einst Hesse tat. Einfach nur die Schuhe ausziehen und barfuß übers Gras gehen bewirkt bereits Wunder. So wie beim Bummel durch die Calwer Innenstadt mit ihren eindrucksvollen Fachwerkhäusern aus dem späten 17. Jahrhundert die Seele durch die Gassen schlendert und das Auge verweilen kann.

Natürlich ist das Hermann-Hesse-Museum ein Muss. Im historischen Stadtpalais „Haus Schütz", nur unweit von Hesses Geburtshaus am Marktplatz, ist die weltweit größte biografische Dauerausstellung des Literaturnobelpreisträgers zu sehen. Von Manuskripten, Bildern, Aquarellen und Zeichnungen des Dichters bis hin zu unzähligen Fotos seiner Lebensstationen zeichnet das Museum ein vollständiges Bild des vielschichtigen Lebens von Hermann Hesse. Das Museum zeigt außerdem Hesses Werke in Erstausgaben. Zu sehen sind die Fotografien, die ihn als Nacktkletterer am Felsen zeigen, und auch eine Pistole, mit der sich der Dichter das Leben nehmen wollte.

*Hermann Hesse auf der
Nikolausbrücke
(Abbildung mit freundlicher
Genehmigung des
Künstlers Kurt Tassotti)* ▶

Informationen

Hermann-Hesse-Museum, Marktplatz 30, 75365 Calw

Öffnungszeiten:

April bis Oktober: Dienstag bis Sonntag von 11 bis 17 Uhr,
November bis März: Dienstag bis Donnerstag, Samstag und Sonntag
von 11 bis 16 Uhr, Eintritt: 5 Euro, Gruppen ab 10 Personen: 3 Euro,
Führungen: 6 Euro, ermäßigt 4 Euro.
www.calw.de/Hermann-Hesse-Museum
Telefon 07051/7522

Calw entdeckt man am besten mit einem Gästeführer auf einer
der zahlreichen Stadt-, Kloster- und Naturführungen.
Für Kinder gibt es spezielle Kinderführungen.
Informationen bei der Stadtinformation Calw, Sparkassenplatz 2,
75365 Calw, Telefon 07051/167-399,
stadtinfo@calw.de, www.calw.de

Magische Felsen, wilde Krokusse und ein düsteres Schafott

Auf Hesses Spuren von Calw nach Zavelstein

Hesse war ja ein richtiger Wanderfreak. Ganz sicher ist er auch von Calw nach Zavelstein gewandert. Diesen Weg wandern ist wie Hesses Gedichte lesen. Jedes Gedicht enthält eine Offenbarung für seinen Leser. Genauso verhält es sich mit dem Weg und seinem Wanderer. Was für das Lesen von Gedichten gilt, gilt ebenso für das Wandern: Jeder Weg birgt eine Offenbarung. Und dass es beim Wandern nicht vorrangig um das Erreichen eines Ziels, sondern vielmehr um den Genuss des Wanderns als solchem geht, auch das hat Hesse erkannt.

Dem Trend unserer Zeit entsprechend nennt man es „Entschleunigung". Hesse war demnach ein Trendsetter. Er wusste um das Geheimnis der Achtsamkeit und Entschleunigung. Der Weg ist das Ziel.

Hesses Gedichte sind eine Ode an den Zauber des Augenblicks. Und den hat Hesse wunderbar in Worte gefasst. Für manche Ohren mögen seine Gedichte heutzutage vielleicht etwas angestaubt klingen, doch sinngemäß stimmen sie mit dem überein, was uns die modernen Achtsamkeits- und Entschleunigungsratgeber predigen. Innehalten. Stillesein. Den Dingen ihren Lauf lassen.

Hesse war ein Vordenker in Sachen Achtsamkeit. Achtsamkeit bedeutet: „Ich bin da". Nicht in der Vergangenheit, nicht in der Zukunft, sondern Dasein im gegenwärtigen Augenblick. Dasein hat mit Wertschätzung zu tun. Indem ich achtsam bin, wende ich meine volle Aufmerksamkeit auf das, wo ich mich befinde und was ich gerade tue. Achtsamkeit lehrt, das Leben bewusst wahrzunehmen, es zu schätzen und dankbar zu sein für jeden Augenblick.

In dieser Haltung wollen wir uns für das Hier und Jetzt öffnen und folgen dem Weg von Calw nach Zavelstein. Wir starten am historischen Marktplatz und wandern stadtauswärts, bis wir, das letzte Haus hinter uns lassend, in den Verlobungsweg einbiegen, ein kleiner Pfad, der mit der gelb-blauen Raute gekennzeichnet ist. Aber was ist das? „Gefährliche Wegstrecke nur für geübte Läufer" prangt da auf einem Warnschild am Baum. Doch wir wollen ja nicht laufen, sondern achtsam wandern, also gehen wir unerschrocken weiter. Was an dieser Wegstrecke gefährlich sein soll, will sich uns bei allergrößter Achtsamkeit nicht erschließen.

In Kentheim wechseln wir zur gegenüberliegenden Talseite auf den Rötelbachweg und folgen nun der gelben Raute des Felsenweges. Sehenswert ist die St.-Candidus-Kirche, eine der ältesten Kirchen im Südwesten mit ihren Fresken im Chor. Die Kirche wird bereits im Jahr 1075 erwähnt. Die Fresken im Chorraum stammen aus dem frühen 15. Jahrhundert (vgl. Oscar Heck, „Die St.-Candidus-Kirche in Kent-

▲ *In den Höhlen am Stubenfelsen suchten die Einwohner in Kriegszeiten Schutz*

heim", in: *Nachrichtenblatt der Denkmalpflege in Baden-Württemberg*, Bd. 1, Nr. 3 (1958), S. 68–71, *http://journals.ub.uni-heidelberg.de/index.php/nbdpfbw/article/view/15193/9074*).

Die Rötelbachschlucht gibt sich wild und verwegen und beginnt mit einem dschungelartigen Pfad. Ein Weg, der unsere Sinne, vor allem unsere Muskeln fordert, uns schnaufen lässt und ins Schwitzen bringt. Dann aber: Innehalten, dastehen, dem Rauschen des Wassers lauschen, Sonnenstrahlen wärmen die Haut, Spinnweben kitzeln mit ihren feinen Fäden auf den Armen.

Auf einem Serpentinenpfad steigen wir aufwärts. Zwischen den nebeneinander gereihten und kerzengerade aufragenden Baumstämmen entdecken wir die ersten mächtigen Buntsandsteinfelsen.

▲ *Am Stubenfels schlägt die Stunde der Wahrheit*

Der imposanteste davon ist der Stubenfels. Genauer gesagt sind es mehrere Felsformationen mit interessanten Überhängen, Höhlen und Felsvorsprüngen. Ein Baum trägt deutlich sichtbar ein Schild mit der gelben Raute. Der Weg führt direkt zum Felsen. Dann sehen wir eine kleine Spalte zwischen den wuchtigen Felsen. Der Weg führt mittendurch. Angeblich soll nur derjenige durchkommen, der heute die Wahrheit gesprochen hat. Doch selbst ohne Lügen verbreitet zu haben, geraten wir ins Schwitzen. Die Spalte ist so eng, dass wir die Rucksäcke abnehmen und uns quer hindurchzwängen müssen. Für klaustrophobisch Veranlagte eine echte Herausforderung. Im weiteren Wegeverlauf müssen wir in gebückter Haltung unter bizarren Steintischen hindurchgehen, die wie riesenhafte Altäre anmuten. Während des Krieges sollen sich hier die Einheimischen vor den alliierten Truppen versteckt haben. Wir steigen über steinerne Treppen aufwärts. Auf einmal ändert sich das Landschaftsbild. Wir treten aus dem Wald heraus und erreichen die Hochfläche zwischen den Tälern der Nagold und der Teinach. Wie stille Oasen liegen die Weiler Sommenhardt und Lützenhardt auf der sonnigen Anhöhe.

Zavelstein ist ein geruhsames, charmantes Städtchen, das sich malerisch um die Burgruine schmiegt. Der mittelalterliche Ort mit seinen Fachwerkhäusern steht unter Denkmalschutz. Ein wenig wirkt es, als wäre die Zeit stehengeblieben. Auf dem Weg zur Burgruine passieren wir ein aus Stein gehauenes Feldkreuz mit merkwürdigen Zeichen. Im 15. Jahrhundert sollen sich hier zwei verfeindete Brüder erschlagen haben, lesen wir auf einer Holztafel. Zavelstein wurde um das Jahr 1200 von den Calwer Grafen erbaut. 1692 hat der französische General Mélac die Burg zerstören lassen. Das Städtchen wurde erneut aufgebaut, während die Burg als Ruine verblieb. Gut erhalten ist der 30 Meter hohe Turm, der für 50 Cent besichtigt werden kann.

Zavelsteins Attraktion sind die wilden Krokusse, die im Frühjahr die Wiesen um den Ort in ein Blütenmeer aus lila Teppichen verwandeln. Wann die Krokusblüte beginnt, hängt von der Witterung ab, meist blühen sie Mitte bis Ende März. Ein „Krokustelefon" informiert dann

▼ *Die Burgruine Zavelstein*

über den aktuellen Blütenstand, der ebenfalls im Internet aktualisiert wird. Dass sich in Zavelstein die wilden Krokusse ausgebreitet haben, ist tatsächlich eine Sensation, denn eigentlich ist die Blume im Mittelmeerraum beheimatet. Die eigentliche Herkunft der Krokusse ist nicht geklärt. Es wird vermutet, dass der Burgherr Benjamin Buwinghausen von Wallmerode die Krokusknollen von einer Reise im Mittelmeerraum mitbrachte und sie im Burggarten anpflanzen ließ. Die nach Süden gerichtete, sonnige Hochfläche hat dem Krokus gut getan, denn ab da hat sich die Pflanze mir nichts, dir nichts verselbstständigt und es sich in den heimischen Bauerngärten und Wiesen gemütlich gemacht. Das ist einmalig in Süddeutschland. Nur im Erzgebirge und auf Husum sind ähnliche Krokuswiesen vorzufinden.

Die Krokuswiesen stehen unter Naturschutz und können auf einem vier Kilometer langen Krokusweg bewundert werden. Doch die Wege dürfen keinesfalls verlassen werden, da die Pflanze durch Trittschäden in ihrem Bestand gefährdet ist. Als wir die Krokuswiesen erreichen, finden wir nur noch vereinzelt violette Blüten der Pflanzen vor. Die Blüte setzte in diesem Jahr ungewohnt früh ein. Um einen der noch verbliebenen Flecken mit blühenden Krokussen am Wegesrand hat sich die Gruppe eines Seniorenheims fürs Erinnerungsfoto aufgestellt. Haben sie das Schild nicht gelesen? Wir hoffen indes, dass bei der Aktion nicht noch die letzten blühenden Krokusse niedergedrückt werden. Zerquetschte Krokusse machen sich auf Fotos nicht so gut.

Zur Einkehr bietet sich das Wanderheim des Calwer Schwarzwaldvereins an, das sich in der Nähe befindet (Montag Ruhetag). Weiter verläuft der Weg nun auf dem Ostweg (schwarz-rote Raute) bis zum Zavelsteiner Brückle. Dort soll ein Geist hausen, der dem Wanderer einfach so ins Gesicht schlägt. Wir kommen unbehelligt ans andere Ufer, denn der Spuk ist nur zur Geisterstunde aktiv, und wer will da schon allein im Wald unterwegs sein? Wir wandern am Wildschweingehege vorbei und folgen neugierig einem Schild, das uns zum Schafott auf dem Wimberg leitet.

▲ *Das Calwer Schafott auf dem Wimberg*

Obwohl es warm ist, läuft uns ein kalter Schauer den Rücken hinunter, als wir die ehemalige Hinrichtungsstätte erreichen. Eine siebenstufige Steintreppe führt auf ein aus Buntsandsteinquadern errichtetes Rondell. In der Mitte steht ein Holzpflock, in dem die Nachbildung eines Hinrichtungsschwerts steckt. Auch wenn das Blut fehlt, sieht alles so echt aus, als wäre eben ein Kopf gerollt. Am 18. August 1818 wurde auf diesem Schafott Gertrude Pfeiflin hingerichtet. Unter den vielen Schaulustigen befanden sich Kinder! Alle Calwer Schüler mussten damals „von Amts wegen zum abschreckenden Beispiel" der Hinrichtung folgen. Umso makabrer mutet die Kinderschaukel an, die sich heute direkt neben diesem düsteren Ort befindet. Auf einem in der Nähe liegenden Waldgrillplatz lärmen Schüler. Sie feiern ihr Abi. Einige Mädchen torkeln leicht angetrunken und singend am Schafott vorbei. Was für eine skurrile Szene.

Die Hinrichtung der wegen Raubmordes Verurteilten Gertrude Pfeiflin ist auf einer Schautafel nachzulesen. Demnach wurde sie nach ihrer Festnahme in den Calwer Turm gesperrt. Während der Inhaftierung nahm sie – vermutlich durch Krankheit – übermäßig zu. Unfähig selbst zu gehen, musste sie mit einem Karren den steilen Weg von Calw hinauf auf den Wimberg gezogen werden. Dort fiel sie angesichts des Scharfrichters und der wartenden Menge in Ohnmacht. Henkersknechte trugen sie auf das Podium und banden sie an einem Stuhl fest. Danach wurden der ohnmächtigen Frau die Augen verbunden und das Urteil verlesen. Dann köpfte der Scharfrichter sie. Anschließend hielt er ihren Kopf in die Menge, der später auf einer Stange öffentlich zur Schau gestellt wurde.

Nachdenklich verlassen wir diesen Ort und steigen nun den steilen Weg hinab nach Calw. Rund 140 Höhenmeter steigen wir ab, dann erreichen wir den Calwer Stadtgarten. Dort finden wir die ersten Stelen des Hermann-Hesse-Weges mit Gedichten des Autors. Sie geben unseren Gedanken neuen Auftrieb und leiten uns zurück zu unserem Startpunkt auf dem Marktplatz.

Informationen

Start/Ziel: historischer Marktplatz Calw
Länge: 16 Kilometer
Anstieg/Abstieg: circa 510 Höhenmeter
Schwierigkeit: mittel
Karte: Tourentipps für Entdecker im nördlichen Schwarzwald

www.bad-teinach-zavelstein.de
Krokus-Telefon 0 70 53 / 9 20 50 45

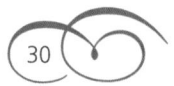

Einkehrtipps:

Wanderheim Zavelstein, Öffnungszeiten: Dienstag bis
Sonntag 11 bis 21 Uhr (Montag Ruhetag).
www.berlins-hotel.de/wanderheim/wanderheim

In Calw bei einem der Heckengäu-Köche einkehren:
www.heckengaeu-natur-nah.de/gasthoefe-restaurants
Wir sind abends im „Zum alten Calwer" bei Thomas Peter
eingekehrt. Wunderbare Atmosphäre und sehr leckeres Essen
von einem sympathischen Koch und Gastgeber,
Lederstraße 1, 75365 Calw
www.alt-calw.de
Telefon 0 70 51 / 4 09 33

Zur Inspiration:

Hermann Hesse, *Wanderung*, Frankfurt/M., Suhrkamp Verlag, 1977.

Raubritterburgen, silberne Schlangen und Haare, die zu Gold werden

Auf stillen Pfaden zur Ruine Waldeck

Versteckt in den dichten Wäldern hoch über dem Nagoldtal findet man in aller Abgeschiedenheit die imposante Ruine der Burg Waldeck. Die mächtige Anlage taucht inmitten der Laubwälder auf wie die Fata Morgana eines steinernen Bollwerks. Burg und Fels scheinen regelrecht miteinander verwachsen. Welche Geheimnisse verbergen sich hinter den Mauern der Burganlage?

▼ *Versteckt mitten im Wald befindet sich die mächtige Ruine der Burg Waldeck*

Um zur Burgruine zu gelangen, wählen wir nicht den direkten Weg vom Bahnhof Bad Teinach/Neubulach, sondern starten unsere Wanderung in Neubulach. Auf stillen Wegen wandern wir über den Bödemlesberg hinab entlang des Beilbergs zum Beilfels. Im Teinachtal angekommen, geht es nun bergan zur Ruine Waldeck. Man erschrickt ein wenig über die Größe der Burg, die sich da mitten im Wald befindet. Und man fragt sich, weshalb wohl die Burg ausgerechnet an diesem dicht bewaldeten Ort gebaut wurde. Vielleicht war der Berg früher nicht bewaldet, sodass von der Burgfeste ein freier Blick hinab ins Tal gewährleistet war.

Obwohl die Burg von mächtigen Ringmauern umgeben ist und die Reste des Bergfrieds wie ein stummer Wächter mahnend über der Anlage wachen, liegt eine friedvolle Stille über den Mauern. Der Platz lädt ein zur Kontemplation. Und doch gibt der Ort Rätsel auf. Von der Vergangenheit ist nur wenig bekannt. Auch gibt es keinerlei Hinweise oder Schilder über die Geschichte der Burg. Eine kleine Gedenktafel des Schwarzwaldvereins von 1886 erinnert an den Baurat Rheinhard, der sich maßgeblich für die Erhaltung der Burg einsetzte.

Die Burg Waldeck wurde vermutlich zwischen 1100 und 1150 erbaut. Historiker gehen davon aus, dass auf dem felsigen Grat mehrere Burganlagen errichtet wurden. Um 1140 ist ein Ortwin von Waldeck erwähnt, der dem Adelsgeschlecht der Calwer Grafen zuzuordnen ist. Den Waldeckern eilte ihr Ruf als Raubritter voraus. Während im Mittelalter der Einfluss der Städte zunahm, verloren die Ritter ihre Stellungen und verarmten zusehends. Mit Überfällen auf Warenlieferungen und Erpressung von Kaufleuten versuchten sie, sich über Wasser zu halten. Mit seinen Raubritterzügen hatte der Burgherr von Waldeck eine neue Einnahmequelle aufgetan. Offenbar betrieb er sein Geschäft sehr erfolgreich, denn es heißt, dass er zu großem Reichtum gekommen ist. Seine Schätze hat er im Turm versteckt, der angeblich so tief in den Boden reichte, wie der Turm in die Höhe ragte.

König Rudolf von Habsburg (1218–1291) wurde das Treiben der Waldecker schließlich zu bunt. Er schickte eine Streitmacht, um die Burg einzunehmen. Doch das stellte sich als nicht einfach heraus. Zwei Monate wurde die Burg belagert, bevor sie erobert wurde.

Hellmut J. Gebauer und Jürgen Vogel haben verschiedene Geschichten, die sich um die Stadt Calw und Umgebung ranken, gesammelt und veröffentlicht. (*Graf Hubert von Calw und andere Sagen, Märchen und Anekdoten aus Calw und Umgebung*, zusammengestellt und nacherzählt von Hellmut J. Gebauer und Jürgen Vogel, Archiv der Stadt Calw, Kleine Reihe, 21, 2006). Eine Geschichte berichtet über den Tod des bösen Raubritters von Waldeck und dessen Tochter Kriemhild. Kriemhild, die als milde und gütig beschrieben wird, starb mit ihrem Vater in der brennenden Burg. Als die Eroberer in die Flammen blickten, sahen sie aus dem Feuer eine silberne Schlange aufsteigen. Auf dem Kopf der Schlange saß eine goldene Krone. Seither wird erzählt, dass Kriemhild als Schlange den sagenhaften Schatz des Schlosses hütet. Eine andere Sage berichtet von einem gespenstischen Hund, der die Waldecker Schätze bewacht und an Heiligabend dort zu sehen ist.

Kriemhild soll sich noch immer in den unterirdischen Gängen aufhalten und auf ihre Erlösung warten. Die Kinder des Waldecker Hofes wollen schon öfters mit ihr gespielt haben. Zum Abschied gab sie ihnen ein Haar, das sich in echtes Gold verwandelte. Manchmal erschien sie als Schlange und hinterließ einige Schuppen, die sich in Goldmünzen verwandelten. Die Burg wurde später von einem der Eroberer neu aufgebaut.

Über eine steinerne Treppe steigen wir von der Burganlage hinauf zum Waldpfad und wandern an mächtigen Buntsandsteinformationen vorbei durch den lichten Frühlingswald. Hier und da sind weitere Befestigungen zu erkennen, die mögliche Überreste der anderen Burgen sind, die sich hier einst befunden haben sollen.

Diese dicken Mauern schützten die Raubritter vor Angreifern ▶

Am Rastplatz gelangen wir zu „Geigerles Lotterbett". Aber was hat es mit dem lustigen Namen auf sich? Es sind zwei große Buntsandsteinfelsen, die ihrer Form nach an ein Zelt erinnern. Auch um diese Felsen ranken sich einige Erzählungen. So soll ein armer Musikant, der sich keine Übernachtung in der Herberge leisten konnte, sein Nachtquartier in diesem zeltförmigen Felsen aufgeschlagen haben. Eine andere Geschichte berichtet, dass ein Geigenspieler unter die Hufe einer reitenden Adeligen geriet und dabei von ihrem Pferd zu Tode getreten wurde. Der Mann wurde nach dem Vorfall mit den Worten „Hier hast du dein Lotterbett" in den Felsen gelegt. Aber vielleicht war die Geschichte mit dem Geigerle und der Adligen auch ganz anders …

So wirklich lädt Geigerles Lotterbett nicht zum Rasten ein und wir machen uns vom Acker. Jetzt steht ein steiler Aufstieg vor uns, auf knapp einem Kilometer geht es rund 120 Höhenmeter auf einem schmalen Pfad hinauf. Oben legen wir am Rastplatz „Wasen" mit Spielplatz eine kleine Pause ein, bevor wir über einen Panoramaweg mit schönen Ausblicken weiter zum Ausgangspunkt Richtung Neubulach wandern.

Informationen

Anfahrt: A 8 Karlsruhe-Pforzheim Ausfahrt Pforzheim-West, B 294 bis Calmbach und B 296 bis Oberreichenbach, dann L 346 Bad Teinach; A 8 von Stuttgart, AS Leonberg, B 295 Richtung Weil der Stadt, Calw, B 463 Bahnhof Teinach, dann L 348 nach Neubulach; A 81 AS Herrenberg, B 28 und B 296 bis Calw, B 463 Bahnhof Teinach, L 348 nach Neubulach.
Start/Ziel: Parkplatz beim Friedhof in Neubulach
Länge: 11 Kilometer
Aufstieg/Abstieg: 433 Höhenmeter
Dauer: circa 3 Stunden
Schwierigkeit: mittel

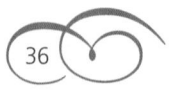

▲ *Die Mauern sind von einer friedvollen Stille umgeben*

Teinachtal Touristik, Rathausstraße 5,
75385 Bad Teinach-Zavelstein,
Telefon 0 70 53 / 9 20 50 40,
www.teinachtal.de
Teinachtal Touristik Neubulach
Telefon 0 70 53 / 96 95 10

Sommers unter Tage

Warum im Hella-Glück-Stollen tief Luft holen angesagt ist

Neubulach hat seine Gründung den Schätzen unter Tage zu verdanken. Denn ohne die Kupfer- und Silbererzvorkommen hätten sich hier kaum Menschen angesiedelt. Bereits im Jahr 1274 ist die Stadt urkundlich erwähnt und war seinerzeit eine der bedeutendsten Bergbaustädte des Mittelalters im nördlichen Schwarzwald.

Kräfte schöpfen, das kann man auch unter Tage. Wer an heißen Sommertagen nach Abkühlung lechzt und wem der Trubel im Freibad zu viel ist, kann sich unter Tage begeben. Im Hella-Glück-Stollen herrschen angenehme 8 Grad, die reine Stollenluft gibt es gratis dazu.

Mit einem beschwingten „Glück auf" begrüßt Eberhard Hauser von der Stollengemeinschaft Neubulach seine Gruppe. Ein letzter Check: Sitzt der Helm, hat jeder sein Cape übergestreift? Behelmt und mit

▼ *Zu Fuß geht es unter Tage*

neofarbenen Umhängen, die uns wie eine Truppe Zwerge aussehen lassen, betreten wir hintereinander den Stolleneingang. Auf den ersten Schritten tappen wir im Dunkeln, bis sich die Augen, geblendet vom grellen Sonnenlicht, an die schummrige Höhlenbeleuchtung gewöhnt haben. Eng ist es, kühl und nass. Ein merkwürdiges Gefühl ist das, im Schlund der Erde zu stecken. Was, wenn plötzlich das Licht ausfällt? Und dieses Getropfe von den Wänden. Woher kommt das Wasser? Doch die Bedenken verfliegen und weichen einer faszinierenden Neugierde. Schnell ist uns bewusst, weshalb ein Helm auf dem Kopf

sitzt. Selbst kleine Personen müssen sich ducken, trotzdem schabt der Helm am Fels des Stollens. Der Gang unter Tage ist gleichzeitig eine Reise in die Vergangenheit. Neubulach erlebte im Mittelalter seine Blütezeit. Mitte des 13. Jahrhunderts war der kleine Ort, auf der Hochfläche zwischen den Tälern der Nagold und der Teinach gelegen, eine der führenden Bergbaustädte im nördlichen Schwarzwald. Oberhalb der Schächte, in denen Azurit, Malachit und silberhaltige

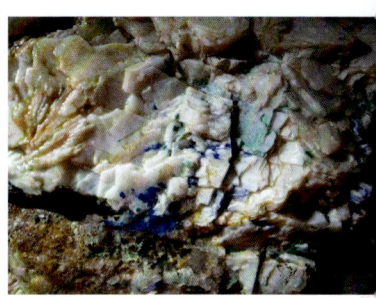

▲ *Farbenprächtige Mineralien an den Felswänden*

Fahlerze gefördert wurden, gründeten die Bergleute die Siedlung, in der sie mit ihren Familien wohnten. Um das Jahr 1274 wurde dem Ort vom Grafen von Hohenberg die Stadtrechte zugesprochen.

Wir befinden uns jetzt 60 Meter unter der Erdoberfläche, erklärt Eberhard Hauser und macht auf die gute Luft aufmerksam. 1972 sprengte man einen zusätzlichen Stollen, in dem eine Therapiestation für Atemwegserkrankungen eingerichtet wurde. Der Heilstollen ist kostenpflichtig. Während der Führung müssen wir nichts für die reine Luft bezahlen. „Die ist im Preis enthalten", lacht Hauser und erklärt, wie der einzigartige Luftaustausch im Berg funktioniert: Die Lufttemperatur im Stollen beträgt sommers wie winters konstante 8 Grad Celsius. Im Sommer zieht die warme Luft in den Berg hinein und kühlt sich ab. Dabei sinkt sie 60 Meter abwärts durch die Spalten und Risse des Berges. Ein immerwährender Kreislauf, der sich alle eineinhalb Stunden

▲ *Bis zu sieben Zentimeter Vortrieb schaffte ein Bergmann mühsam mit Schlägel und Eisen*

wiederholt. Durch die ständige Filterung bleibt die Stollenluft besonders rein und frei von Staub und Pollen. Zusätzlich fördert die niedrige Temperatur die Atmung, was sich positiv auf Menschen auswirkt, die unter Atemwegserkrankungen und Allergien leiden.

Gute Luft hin oder her, für die Bergleute war die Arbeit im Stollen kein Zuckerschlecken. Während einer acht- bis zehnstündigen Schicht schaffte ein Bergarbeiter mit seinem Gezähe, das aus Schlägel und Eisen bestand, einen Vortrieb von rund drei bis sieben Zentimeter. Eine beachtliche Leistung. Auf diese Weise entstanden Stollen mit einer Gesamtlänge von 20 Kilometern. Ab dem 16. Jahrhundert konnten die Stollen dank der Erfindung des Schwarzpulvers gesprengt werden. Hauptsächlich waren es Wismuthfahlerze, die in den Stollen gefördert wurden. Aus einer Tonne gewann man drei bis vier Kilogramm reines Silber. Allerdings kam der Silberabbau bald zum Erliegen. Columbus entdeckte Amerika und die Spanier begannen die Silbervorkommen in Südamerika auszubeuten. Das war erheblich billiger und verdarb die Preise auf dem europäischen Markt. Der Abbau im Schwarzwald lohnte sich nicht mehr.

Hauser hat seine Gruppe fast einen halben Kilometer in den Stollen geführt. Er versammelt seine Leute „vor Ort" wie es in der Bergmannssprache heißt, in der Haspel Azurithöhle. Überall öffnen sich kleinere Schächte, wie feine Adern in einem Blutkreislauf. Manche sind so eng, dass man sich kaum vorstellen kann, wie hier ein erwachsener Mann arbeiten konnte. Die Stollen werden von Holzbalken, sogenannten Stempeln, abgestützt, denn im Buntsandstein kam es wegen des schweren Gesteins häufig zu Einstürzen.

Trotz der schummrigen Beleuchtung schillern die Felswände in einer unglaublichen Farbenpracht von Azurblau bis Smaragdgrün. Eberhard Hauser richtet seine Lampe in einen unbeleuchteten Teil. Wir stehen vor einem gewaltigen Felsspalt, nur durch ein kleines Geländer abgesichert und blicken in einen Abgrund. In derartigen Spalten befindet sich das Erz. Das in den Berg eindringende Wasser lief acht bis zehn Kilometer in den Fels, wurde erwärmt und stieg als Wasserdampf auf-

▼ *Bei Steinschlägen konnten sich die Männer in kleine Felsspalten retten*

▲ *In der Azurithöhle*

wärts, wo es kondensierte und sich in Form von Mineralien an den Wänden ablagerte. „Abkratzen nützt nichts, das einzige, das abgeht, ist Ihr Fingernagel", gibt Hauser zu bedenken, als einer aus der Gruppe an den Quarzen am Fels schabt.

Weil sich Silber eben nicht so einfach von Stollenwänden kratzen lässt, war der Silberabbau in den vergangenen Jahrhunderten wenig ertragreich. Ein letzter Versuch, Profit aus dem Stollen zu schlagen, wurde 1920 unternommen, als ein großes Azuritvorkommen entdeckt wurde. Das Kupfererz mit seiner azurblauen Farbe wurde vor allem als Malerfarbe nach Italien exportiert. Nachdem auch diese Abbauversuche keinen Erfolg versprachen, kam der Bergbaubetrieb endgültig zum Erliegen. Während des Zweiten Weltkriegs entstand eine Aufbereitungsanlage, um Wismuthfahlerz als Aluminiumveredler in der Flugzeugindustrie einzusetzen. Die Anlage ist noch vor Inbetriebnahme von den Franzosen gesprengt worden. In der Nachkriegszeit waren die halb verfallenen Stollen beliebter Abenteuerspielplatz der Neubulacher Jugend. Aus ihr ging später die Stollengemeinschaft hervor, die sich seither um die Erhaltung der Stollen kümmert und jährlich den bergmännischen Weihnachtsmarkt in und um den Stollen ausrichtet.

Informationen

Anreise von Stuttgart Richtung Leonberg, weiter auf der B 295 bis Calw und weiter nach Neubulach.
Führungen im Hella-Glück-Stollen finden vom 1. April bis 1. November am Samstag, Sonntag und an Feiertagen von 11 bis 16 Uhr statt. Zusätzlich im Juli und in den Ferien Dienstag bis Freitag von 11 bis 16 Uhr. In der Nebensaison jeweils Dienstag bis Freitag um 14 Uhr. Die Führung dauert rund 40 Minuten und ist bequem und ebenerdig begehbar, aber nicht rollstuhlgerecht.
Eintrittspreise: Erwachsene 4,50 Euro, Schüler 2,50 Euro, Kinder ab 4 Jahren 1 Euro, Familienkarte 11,50 Euro.

Für Mutige ist die Erlebnisführung „Untere Stollen" ein eindrucksvolles Abenteuer. Ausgerüstet mit Gummistiefeln und Helmlampen werden die alten Stollen und Förderschächte aus dem Mittelalter erkundet. Die Führung (ab 12 Jahren) wird nur auf Voranmeldung in der Zeit vom 1. Mai bis 15. Oktober für Gruppen ab 5 Personen durchgeführt. Dauer: 3 Stunden, Kosten: 20 Euro/Person.

Auf dem Gelände des Bergwerkes gibt es einen Bergbau- und Geologie-Lehrpfad und einen Fledermauspfad zum Erkunden.
In der Stollenklause gibt es kleinere Speisen und Getränke.
Eine Ausstellung zeigt ein Schnittmodell der bislang erforschten Stollenanlagen und Mineralien, die im Bergwerk gefunden wurden.

www.bergwerk-neubulach.de, E-Mail: stollen@online.de
Telefon 0 70 53 / 73 46
Informationen Neubulach unter www.neubulach.de

Einkehrtipp:
Brauhaus Rössle im denkmalgeschützten Haus aus dem 16. Jahrhundert im historischen Stadtkern von Neubulach.
Öffnungszeiten: Montag bis Freitag ab 16 Uhr, Samstag ab 15 Uhr, Juli/August ab 11 Uhr.
www.roessle-neubulach.de

Wasser-Marsch
in der Monbachschlucht

Über Stock und Stein durch den schwäbischen Urwald

Die Monbachschlucht bei Bad Liebenzell ist romantisch, wild und unberührt. An heißen Tagen ist die versteckte Schlucht ein ideales Ziel, um der sommerlichen Hitze zu entkommen. Der Monbach wird dabei mehrmals im Bachbett überquert und beschert heiß gelaufenen Wanderfüßen herrliche Erfrischungen.

Wir starten die circa 10 Kilometer lange Rundwanderung am Bahnhof in Bad Liebenzell und wandern zur Brücke über die Nagold. Der Uferweg führt aus der Stadt heraus und weiter auf einem breiten Forstweg in den Wald hinein, der sich am alten Bahnwärterhäuschen zu einem Pfad verengt. Längst haben die Naturgeräusche den Lärm der Straße abgelöst. Vögel zwitschern, Licht flirrt durch den Blätterwald, gelbe Schmetterlinge flattern im Sonnenlicht.

▼ *Wie eine Märchenwelt: Die Monbachschlucht im Frühling*

Dann warnt ein Schild des Schwarzwaldvereins: „Der Weg durch die Monbachschlucht ist nicht ungefährlich. Er sollte nur mit geeignetem Schuhwerk begangen werden." Weiter ist zu lesen: „Wegen Hochwasser oder Erdrutsch zeitweise nicht durchgehend begehbar". Wir stellen uns auf spektakuläre Kletterpartien, völlig vermatschte Wanderschuhe und nasse Füße ein. Doch der Monbach plätschert gemütlich vor sich hin, als könnte ihn kein Wässerchen trüben. Allerdings lässt die Enge der Schlucht erahnen, welche Kräfte der liebliche Monbach bei Hochwasser zu entfesseln vermag. Im Bachbett liegen große Felsbrocken, als ob ein Riese mit ihnen Murmeln gespielt hätte.

Und dann stehen wir mittendrin in der wilden Schlucht. Wir wandern zwischen moosbewachsenen Felsblöcken, umgestürzten Baumstämmen und schroffen Felsen und kommen uns vor wie Indiana Jones im Dschungel. Der Pfad, der rechts vom Bach verläuft, endet an einem vermoderten Baumstamm. Wir balancieren über mächtige Felsquader, die als Steg dienen. Ein Schild weist eine Umgehung bei Hochwasser aus. Doch wegen des niedrigen Wasserstandes kommen wir trockenen Fußes auf der anderen Uferseite an.

Der Pfad durch die Monbachschlucht verläuft auf der ersten Etappe des Schwarzwald-Ostweges von Pforzheim nach Schaffhausen, der mit der schwarz-roten Raute gekennzeichnet ist. Dem Schwarzwaldverein ist es zu verdanken, dass die unwegsame Klamm 1901 erschlossen wurde. Die Schlucht hat einige Jahre mehr auf dem Buckel, oder besser gesagt auf dem Bachbett. Vor 350 000 Jahren grub sich die Nagold ihren Weg durch den Buntsandstein und hinterließ riesige Geröllmassen, aus denen sich die Monbachschlucht formte. Sie ist Überbleibsel einer hochinteressanten geologischen Ausprägung. Die Nagold bahnte sich ihren Weg entlang der Grenze, wo Muschelkalk und Buntsandstein aufeinanderstoßen. Der relativ weiche Buntsandstein hatte den Wassermassen wenig entgegenzusetzen. Die daraus entstandenen Buntsandsteingebiete sind als tief eingeschnittene Täler mit feuchtkühlem Klima zurückgeblieben.

▲ Wild, romantisch und unberührt: Die Pfade durch die Monbachschlucht sind ideal für achtsames Wandern

Wir folgen dem abenteuerlichen Pfad und staunen über die üppige Vegetation. Hellgrün, Dunkelgrün, Farngrün, Moosgrün, Tannengrün. Erneut wechseln wir die Flussseite. Das feuchte Moos auf dem Felsen ist spiegelglatt. Mit Händen und Füßen versuchen wir, uns an den Felsen abzustützen.

Zwischen verwitterten Felsen rauscht ein Wasserfall in kleinen Kaskaden in ein Becken. Das Wasser sprudelt und glitzert auf der Oberfläche. Ein feenhafter Ort, der sich im Spiel von Licht und Schatten inmitten der Klamm wie eine Oase öffnet. Es braucht nicht viel Fantasie, um sich vorzustellen, wie während der Dämmerung Nixen über das Wasser tanzen.

Bei der Monbachbrücke angekommen, folgen wir auf dem Pfad der blauen Raute weiter dem Bachlauf aufwärts nach Monakam. In der Monabacher Kirche befindet sich ein spätgotischer Passionsaltar von 1497. Die wunderbare Atmosphäre und ein Willkommensschreiben der Pfarrerin laden dazu ein, einige Minuten der Stille in der Kirche

zu verbringen und neue Kräfte zu sammeln. Danach geht es auf der gelben Raute steil abwärts mit Blick zur Bad Liebenzeller Burg zurück zum Ausgangspunkt in Bad Liebenzell.

Informationen

Wanderung durch das Monbachtal circa 10 Kilometer;
Dauer: 3 bis 4 Stunden, gutes Schuhwerk erforderlich.
Der Weg ist nicht für Kinderwagen geeignet,
kann aber von Familien mit Kindern bewandert werden.
Start/Ziel: Bad Liebenzell, Bahnhof
www.mein-schwarzwald.de

▼ *Ein feenhafter Ort, man glaubt im Spiel von Licht und Schatten Wassernixen zu erkennen*

Auf der Suche nach dem Glück

In Schömberg beginnt das Glück in den Füßen

Was ist Glück und wo finde ich es? Glaubt man den Schömbergern, dann ist das Glück an ihrem Ort zu finden. Schömberg bezeichnet sich offiziell als Glücksgemeinde. Netter PR-Gag, oder steckt da mehr dahinter? Schömberg liegt auf einem Hochplateau auf 650 Metern zwischen den Flusstälern der Enz und der Nagold. Genauer gesagt zwischen Bad Liebenzell und Bad Wildbad. Irgendwo im Landkreis Calw. Ziemlich versteckt. Vielleicht ist das so gewollt? Denn nach dem Glück muss ja jeder selber suchen, nicht wahr? Gut, dass mir dabei mein GPS-Gerät behilflich ist.

Schömberg strotzt vor lauter Glück. Vor allem im Juli. Dann nämlich finden die Glückswochen statt. Zwei Wochen lang pures Glück. Mit Vorträgen, Workshops und Entspannung will die Gemeinde Möglichkeiten aufzeigen, sein ganz persönliches Glück zu finden.

Angefangen hat alles mit einer Glückspartnerschaft. Seit 2010 ist Schömberg mit dem Land des Donnerdrachens, dem Königreich Bhutan im Himalaja eine freundschaftliche Verbindung als „Partners of Happiness" eingegangen. Das kleine Königreich ist Vorbild in Sachen Glück. Die Schömberger haben eigens ein Zukunftskonzept entworfen und sich dazu verpflichtet, zum körperlichen, seelischen und sozialen Wohlbefinden ihrer Bürger beizutragen. „Entscheidungen sollen nicht nur nach finanziellen Aspekten getroffen werden, sondern vor allem danach, was den Menschen ein glücklicheres Leben ermöglicht", heißt es in der Gemeindebroschüre.

Zum Glücklichsein bedarf es in der Tat nicht viel. In Schömberg schafft man das mit einem Atemzug. Denn der heilklimatische Kurort verspricht besonders gute Luft. Tief ein- und ausatmen, gepaart mit etwas Bewegung, und schon bringt das den Kreislauf und damit auch die Glückshormone in Schwung.

In und um Schömberg gibt es neun Heilklimawanderwege, auf denen der Körper unterschiedlichsten klimatischen Reizen ausgesetzt ist, die sich gesundheitsfördernd auf Kreislaufsystem und Atemwege auswirken.

Mitten im Wald befindet sich ein Barfußpfad mit Kneippanlage. Das Glück wird dem Besucher quasi vor die Füße gelegt. Auf dem 800 Meter langen Pfad geht es barfuß über Waldboden, Hackschnitzel, Moos, Split, Rindenmulch, Douglasienzapfen, Betonsteine, Holzpflaster, Matsch und abgekantetes Glas.

Bereits das Ausziehen der Wanderschuhe ist entlastend. Als atmeten die Füße auf, endlich befreit, raus aus den verschwitzten Socken und den dunklen, stinkigen Tretern. Die ersten Schritte sind ungewohnt, es piekst und drückt, und am liebsten möchte ich zurück in die Schuhe. Meine Füße wollen mehr. Als schnupperten sie nach jahrelanger Gefangenschaft zum ersten Mal den Duft der Freiheit. Was für mich ein völlig ungewohntes Gefühl ist, ohne Schuhe über den Waldboden zu gehen, bringt meine Füße in neue Sphären. Die Zehen spreizen sich,

▼ *Barfuß ins Glück auf dem Barfußpfad bei Schömberg*

▲ Barfuß-Gehen belebt die Füße und erfrischt den Körper

krallen in den Boden und entdecken ungeahnte Möglichkeiten, sich zu entfalten. Ich spüre den kühlen, moosigen Boden. Unglaublich, wie sensibel die Fußsohlen sind. Vorsichtig gehe ich weiter, trete über Kies, Sand, Holz, Tannenzapfen. Ich fühle mich auf völlig neue Weise mit der Erde verbunden. So komisch das jetzt klingt, aber das Barfuß-Gehen macht den Kopf frei. Barfuß-Gehen ist so etwas wie Achtsamkeit für die Füße. Ich gehe langsamer, bewusster, spüre jeden Schritt, fühle den Untergrund. Nehme alles viel intensiver wahr. Ja, ich glaube schon, dass Barfuß-Gehen glücklich macht. Es macht Spaß, den Wald mit den Füßen zu ertasten. Meine Füße versinken tief im Matsch, mit jedem Schritt schmatzt es laut.

Zum Abschluss steige ich in das Kneipp-Tretbecken. Die Kälte des Wassers sticht wie feine Nadeln, gleichzeitig ist es herrlich erfrischend. Wellness für die Füße. Es kribbelt in den Beinen. Barfußpfad und Kneipp-Becken haben mich auf erfrischende Weise belebt und ich glaube, dass ich dem Glück ein wenig auf die Spur gekommen bin.

In Schömberg soll es zudem einen Ort mit besonderer Kraft geben. Einen energetischen Steinkreis. Der befindet sich auf einer Wiese zwischen dem Wald und dem westlichen Ortseingang des Teilorts

Schwarzenberg. Dort bilden 19 Sandsteinfindlinge einen steinernen Kreis. Zwei Steinsäulen stehen außerhalb des Ringes, ein dreieckiger Findling befindet sich im Mittelpunkt des Steinkreises. Beim näheren Betrachten fallen reliefartige Symbole und Zeichen auf, die in die Steine geritzt sind.

Allerdings handelt es sich um keinen historischen Steinkreis. Der Bau der archaischen Anlage wurde vom damaligen Kunstlehrer Werner Neumann initiiert und entstand 1993 bis 1995 als gemeinsames Schulprojekt der Körperbehindertenschule, Förderschule sowie Grund- und Hauptschule. (Vgl. Werner Neumann, „Informationen zum Steinkreis in Schömberg-Schwarzenberg", www.schoemberg.de/de/Urlaub/Kultur/Steinkreis).

Als Vorbild des Schömberger Kreises diente der Originalgrundriss der „Merry Maidens", ein Steinkreis in der englischen Grafschaft Cornwall, der aus der Bronzezeit stammt. Um einen möglichst optimalen Standort für den Steinkreis zu ermitteln, wurden sogar Radiästhesie-Experten hinzugezogen. Die Parawissenschaftler konnten besonders starke Schwingungen feststellen. Angeblich sollen magnetische Erd-

▼ *Der Schömberger Steinkreis*

kraftlinien auf drei Wasseradern treffen, was eine besondere Schwingungskraft verursacht. An diesem Ort befindet sich der Mittelpunkt des Kreises. Von dort soll sich die Schwingungsenergie in die Steine einleiten, sich verstärken und ein aufladbares Feld erzeugen. Werner Neumann ist sicher, an diesem Ort besondere Kräfte zu spüren. Er empfiehlt Besuchern, sich 15 Minuten meditierend in der Kreismitte aufzuhalten. „Das ist ein stark aufladender Ort", sagt Neumann. Zahlreiche Rutengänger haben im Laufe der vergangenen Jahre bestätigt, dass sich hier geomantische Linien kreuzen. Also jene Punkte, von denen Radiästhesisten glauben, dass dort eine besonders hohe Konzentration von Erdkräften herrscht.

Alles nur Hokuspokus oder ist da etwas dran, mit den Erdkräften? Werner Neumann ist überzeugt, dass Steinkreise immer an jenen Punkten aufgestellt wurden, an denen besondere energetische Linien zusammenlaufen. Um das herauszufinden, gibt es nur einen Weg: Auf nach Schömberg. Ein bisschen Glück hat noch keinem geschadet.

Informationen

Anreise von Stuttgart Richtung Weil der Stadt, Bad Liebenzell; von der A 8 Karlsruhe-Stuttgart-München, Abfahrt Pforzheim West, B 294 bis Höfen/Enz und B 495 bis Unterreichenbach.

Der Barfußpfad wird über die L 343 zwischen Schömberg und Bad Liebenzell erreicht. Am Abzweig Bieselsberg über die K 4316 bis zum Parkplatz Mahdsbrunnen. Von dort der Beschilderung „Barfußpfad" folgen.

Der Steinkreis befindet sich circa 300 Meter westlich des Ortseingangs vom Ortsteil Schwarzenberg.
Tourist & Kur Schömberg, Telefon 0 70 84/ 1 44 44
www.schoemberg.de
www.mein-schwarzwald.de

Dschungelerlebnis-Tour

Auf wilden Pfaden durch das Bärlochkar

Rund 12 Kilometer südwestlich von Bad Wildbad liegt der kleine Luft-kurort Enzklösterle. Umgeben von mächtigen Tannwäldern und Wie-senauen verdankt der Ort seine Gründung einem Kloster, einem Klös-terlein an der Enz. Im Jahr 1145 legten die Herren von Hornberg den Grundstein zur Errichtung des Klosters Enza, das dem heiligen Bene-dikt geweiht wurde. Damals war das einsame und abgelegene Tal noch nicht erschlossen und das Kloster wurde inmitten eines wilden, urwaldartigen Waldes gebaut. Feierlich weihte es der Bischof von Kon-stanz am 11. September 1145 ein. 1323 kam die damals recht her-untergekommene Klosteranlage in den Besitz der Ritter von Berneck, Vogtsberg und Wöllhausen. 1443 schenkten die Grafen von Würt-temberg dem Ort Enzklösterle das im 14. Jahrhundert in ihren Besitz gelangte Kloster, das daraufhin aufgelöst wurde. Im 18. Jahrhun-dert wurden die letzten Überreste der Kapelle abgebrochen; auf dem Gelände entstand ein Lehenshof, der „Enzhof".

▼ *Unterwegs durch Bannwald zum Bärlochkar*

Geblieben ist bis heute die wilde, ursprüngliche Landschaft um Enz-klösterle. Vor allem wegen des Bärlochkars sind wir gekommen, einem rund 100 Hektar großen Waldschutzgebiet, in dem es richtig wild zugeht. Wir wollen uns auf die wilden Pfade durch das Bärlochkar begeben und den Urwalddschungel entdecken.

Hier ist der Wald sich selbst überlassen, der Mensch als Gast ist nur stiller Beobachter.

Wir starten in der Ortsmitte bei der Tourist-Information und wandern ortsauswärts. Eine wohltuende Stille und Trägheit umgibt den Ort. Kommt es uns nur so vor, oder scheint die Zeit hier tatsächlich ein wenig langsamer zu gehen? Wir wandern an einem Hof entlang, die alte Bäuerin sitzt in ihrem wunderschön gepflegten Bauerngarten und genießt die warme Frühlingssonne, während ihr Mann mit bedächtigen Bewegungen Holzscheite hackt. Kurz darauf kommen wir zur Rußhütte, ein außergewöhnliches Kulturdenkmal und wohl die einzige so gut erhaltene Rußhütte in Deutschland. Das aus Stein erbaute Haus diente bis Ende des 19. Jahrhunderts als Produktionsstätte von Kienruß, das für die Herstellung schwarzer Färbemittel gewonnen wurde. Die Tür knarrt, als wir sie öffnen, erschreckt uns eine Maus, die sich fluchtartig in einem Loch verkriecht.

Gemeinsam mit der Köhlerei gehörte das Kienrußbrennen zu den alten Waldgewerben, die die Entwicklung des Tales maßgeblich prägten. In der Rußhütte wurden harzhaltige Hölzer wie Kienholz, Reisig von Tannen, Fichten und Kiefern unter verminderter Luftzufuhr verschwelt. Kienruß wurde vor allem für die Herstellung von Stiefel-schmiere, Druckerschwärze und Tusche verwendet und war so begehrt, dass es auf Flößen bis nach Holland verschifft wurde.

Wir folgen der gelben Raute Richtung „Forellenhof Petersmühle". Ein Rottweiler, groß, schwarz und anscheinend ziemlich wütend, rennt auf dem Gelände auf und ab. Offensichtlich mag er keine Wanderer. Wir hoffen, dass der Hof umzäunt ist, was glücklicherweise der Fall ist. Dann wechseln wir auf den Weg mit der blauen Raute Richtung Gompelscheuer und überqueren die Landstraße. Bis Gompelscheuer wandern wir auf einem breiten Forstweg, rechts unter uns fließt die Enz. Schön ist der Weg nicht gerade, und wir sind etwas ernüchtert.

▲ *Im Urwalddschungel des Bärlochkars*

Gompelscheuer liegt beschaulich, wirkt jedoch wie ein Geisterdörf-chen. So, als hätte man vergessen, dass es da ganz hinten im Tal noch eine Ortschaft gibt. Das Hotel Enzursprung ist verlassen. Zerschlagene Fensterscheiben und vermoderte Wände. Vom einstigen Glanz ist nichts mehr geblieben. Selbst der Enzursprung wirkt trostlos. Das Was-ser tröpfelt sporadisch aus dem gefassten Becken. Von munter ent-springender Quelle keine Spur. Wir wandern weiter zum alten Schul-haus, das man an seinem Türmchen erkennt und kommen zur anderen Talseite.

Ein kleines Schild macht uns darauf aufmerksam, dass wir nun Bann-wald betreten. Und tatsächlich: Der Wald empfängt uns mit offenen Armen. Ein schmaler Pfad führt mitten hinein in eine Welt aus Farnen, Moosen, Steinen und Tannenwald. Welch ein Kontrast! Wir atmen auf, saugen das satte Grün in uns auf wie kostbares Lebenselixir. Wir wan-dern durch einen Märchenwald. Das einfallende Sonnenlicht taucht den Wald in ein Wechselspiel von Licht und Schatten. Feine Spinn-weben glitzern, Farne entfalten ihre Blätter, moosbewachsene Steine sehen aus wie kleine Gnome, die uns belustigt betrachten.

![Ein stiller Ort der Kraft inmitten des wilden Bannwaldes]

▲ *Ein stiller Ort der Kraft inmitten des wilden Bannwaldes*

Und mittendrin entdecken wir einen kleinen Ruheort. Ein Balken, der auf zwei Steine gelegt wurde, dient als Bank. Wir setzen uns und spüren sofort die beruhigende Wirkung dieses Ortes. Man kann gar nicht anders als innehalten. Wir schließen die Augen. Die Ruhe des unberührten Waldes berührt uns auf ganz sanfte Weise. Steine, Bäume, Flechten, Moose, all das hat hier seinen Platz. Nichts wird verändert, alles bleibt seinem ganz natürlichen Kreislauf unterworfen. Es ist gut, wenn der Mensch nicht überall seine Hände im Spiel hat. Wir atmen ein und atmen aus und lassen uns mit hinein nehmen in die Ruhe der Natur. Wir sind sicher, einen jener Kraftorte entdeckt zu haben, die sich nur dem Wanderer offenbaren, der achtsam des Weges geht.

Wir gehen weiter und erreichen das Wegzeichen „Urwalderlebnis Bärlochkar". Der Weg ist mit einer Bärentatze gekennzeichnet. Ob es hier tatsächlich Bären gab? So wild und verwachsen wie der Wald aussieht, könnte uns womöglich noch heute einer über den Weg laufen. Im Laufe vieler Millionen Jahre haben die Flüsse Enz, Nagold und Alb

◄ *Im Nationalpark wächst neues Leben auf toten Bäumen*

tiefe Gräben in die von Buntsandsteinplatten geprägte Landschaft des nördlichen Schwarzwalds gegraben. Während der letzten Eiszeit, der sogenannten Würmeiszeit, waren die nach Osten ausgerichteten Talhänge von Gletschern bedeckt. Diese Gletscher hobelten Mulden an den Hängen aus, die als Kare bezeichnet werden. In den Karen des Bärlochkars haben sich allerdings keine Seen gebildet. Hier ist eine Vermoorung entstanden, die als Misse bezeichnet wird. Bei einer Misse ist die Torfdicke geringer, und Pflanzen können noch durch die Torfschicht in den Untergrund vordringen. Auf dem rund drei Kilometer langen Bärloch-Rundweg informieren sechs Tafeln über die eindrucksvolle Geschichte des Waldes. Etwas Trittsicherheit ist erforderlich, es geht über Wurzeln, Stege und steile Pfade.

Im Bärlochkar kann man gewissermaßen dem Wald beim Sterben zusehen. Aber zum Glück bricht überall wieder neues Leben hervor. Bizarre tote Baumstämme und frisches lebendiges Grün. Tod und Leben. Der Kreislauf schließt sich. Ein Spaziergang durch das Bärlochkar fordert einen heraus, sich mit den elementaren Fragen des Lebens auseinanderzusetzen. Was fange ich mit meinem Leben an? Wo gehe ich hin? Mein Leben ist endlich. Und die Uhr tickt. Welche Ziele habe ich mir gesteckt? Was habe ich davon erreicht? Was will ich wirklich?

Mitten auf dem Weg entdecken wir eine Wurzel. Sie sieht aus wie eine von Künstlerhand geformte Skulptur. Aus ihrem Innern wachsen kleine Farne und junge Tannen. Obwohl der Baum nicht mehr lebt, schafft er einen Nährboden für neues Leben. Seine Äste sehen aus wie sich ausstreckende Arme. Der Anblick dieser Wurzel hat etwas Tröstliches. Als laute seine Botschaft: Der Tod ist nicht das Ende. Er beendet das Leben, gleichzeitig öffnet er aber auch eine Tür zu einer anderen Welt. Plötzlich scheint die Sonne auf die Spitze der Wurzel. Der obere Teil ist nun hell erleuchtet, während der untere im Schatten liegt. Beides gehört zusammen. Licht und Schatten. Leben und Tod. Tief bewegt gehen wir weiter. Der Wald hat uns heute aufs Neue gelehrt, das Leben als ein kostbares Geschenk zu begreifen.

Informationen

Anreise: von der A 8 Ausfahrt Pforzheim-West, B 294 nach Calmbach
und weiter auf der L 351 nach Bad Wildbad und Enzklösterle,
A 8 Ausfahrt Leonberg, B 295 Weil der Stadt, Calw, B 463 nach
Hirsau, B 296 nach Calmbach und L 351 nach Enzklösterle.
Mit dem Zug: von Stuttgart nach Pforzheim, S 6 Enztalbahn bis
Bad Wildbad, mit dem Bus Linie 778 stündlich nach Enzklösterle.

Wanderung circa 11,5 Kilometer
Schwierigkeit: mittel
Kurverwaltung Enzklösterle, Telefon 0 70 85 / 75 16
www.enzkloesterle.de, www.mein-schwarzwald.de

Tipp:
Die Heidelbeere war für Enzklösterle schon immer von großer
Bedeutung. Im Sommer bekamen die Schulkinder sogar Heidelbeer-
ferien, damit sie beim „Zopfen" helfen konnten.
Im Sommer feiert Enzklösterle ein Heidelbeerfest, bei dem sich alles um
die leckeren blauen Waldfrüchte dreht. Neben dem klassischen
Heidelbeerpfannkuchen gibt es ein großes Programm mit Bauernmarkt.
Informationen: www.heidelbeerdorf.de

Krippena 2000 Schnitzereimuseum
Eine riesige Holz- und Krippefiguren-Ausstellung. Die Schnitzerstube
von Theo Gütermann beherbergt die größte handgeschnitzte
Weihnachtskrippe der Welt.
Öffnungszeiten: Dienstag bis Sonntag von 9.30 bis 17.30 Uhr.
Samstag und Sonntag Einlass bis 16 Uhr. Montag Ruhetag
(außer an Feiertagen). Geschlossen vom 15. Januar bis 15. März.
Eintrittspreise: Erwachsene 4 Euro, Schüler bis 16 Jahre frei.
Informationen: www.krippena-2000.de

◄ *Im Bannwald herrscht ein immerwährender Kreislauf von Tod und Leben*

Das Edelfrauengrab

Von den Heilkräften einer geheimnisvollen Kröte und der Edelfrau, die bei lebendigem Leib eingemauert wurde

Wer in Ottenhöfen dem Schild „Edelfrauengrab-Wasserfälle" folgt, gelangt zunächst zum Betriebsgelände eines Steinbruchs. Dahinter befindet sich, etwas versteckt, der Wanderparkplatz und eine verlassene Gaststätte. Von dort führt ein Pfad zu einer engen Felsenschlucht, in die sich der Gottschlägbach eingeschnitten hat. Über 500 Höhenmeter liegen zwischen dem Quellgebiet auf dem 920 Meter hohen Vogelskopf bis zum Steinbruch. Am unteren Ende des Gottschlägtals stürzt der Bach in wilden bis zu acht Meter hohen Wasserfällen zu Tal. Moosbewachsene Felsen türmen sich zu einer undurchdringlichen Wand auf. Das Wasser schäumt Gischt auf, es ist merklich kühler in der engen Felsenklamm. Wie ein silbernes Band rauscht der Gottschläg-

▼ *Hier befindet sich das Edelfrauengrab*

bach zwischen einer Felsspalte hindurch, bevor er mit einer letzten Kaskade in einem Sprudeltopf am Fuße der Schlucht endet.

Glaubt man der Sage, so besitzt das Wasser des Gottschlägbachs besondere Heilkräfte. Es wurde „in früheren Zeiten als Heilmittel gegen allerlei Gebrechen" verwendet. Die Heilkräfte schrieb man einer Kröte der besonderen Art zu. „Alljährlich wälzt sich eine Riesenkröte im Wasser, wodurch dasselbe seine Heilkraft erhält." Und weiter: „Noch heute wird es gern zum Baden benützt." (J. J. Hoffmann, Trachten, Sitten, Bräuche und Sagen in der Ortenau und im Kinzigtal, Nachdruck der Ausgabe von 1899, Salzwasser-Verlag 2013).

Doch die zauberhaften Wasserfälle zeugen auch von einer düsteren Vergangenheit:

Die Sage berichtet, dass der fromme Ritter Wolf von Bosenstein während der Kreuzzüge im Heiligen Land kämpfte. Seine Ehegattin vergnügte sich derweil mit dem Herrn von Falkenstein. Eines Tages bat eine Bettlerin um ein Almosen für ihre sieben hungernden Kinder. Doch die vergnügungssüchtige Schlossherrin wies sie hartherzig ab und verspottete sie ihrer vielen Kinder wegen. Die armselige Frau verfluchte die Herrin: „Sieben Kinder sollst du auf einmal zu Welt bringen, so elend wie die, die du verhöhnst." Eines Tages, die Herrin von Bosenstein dachte längst nicht mehr an den Fluch, brachte sie tatsächlich sieben Kinder auf einen Schlag zur Welt. Um ihre Schande zu verbergen, beauftragte sie die Magd, die unwillkommenen Neugeborenen im Teich zu ertränken. Just in diesem Augenblick kam der Ritter von seinem Kreuzzug zurück und stellte die Magd zur Rede, was sie da im Sack mit sich führe. „Kleine Hunde, welche mir die Herrin befahl zu ertränken", erwiderte diese. Der Ritter öffnete den Sack, und die Magd berichtete ihm zu Tode erschrocken von dem grausigen Auftrag ihrer Herrin. Daraufhin schickte der Ritter die Magd zur Herrin, um zu vermelden, ihr Auftrag sei ausgeführt worden. Die Kinder ließ er zur Burg Hohenfels im Elsass bringen, wo sie von edlen Frauen unterrichtet wurden. Sieben Jahre später richtete der Ritter ein Festmahl aus. Bei diesem Anlass ließ er die sieben Kinder singend von ihrem Schicksal berichten. Als einer der Gäste fragte, welche Strafe wohl so einer

Mutter widerfahren solle, sprang die Edelfrau von Bosenstein auf: „Sie solle bei einem Laib Brot und einem Krug Wasser lebendigen Leibes eingemauert werden." „So sei es", donnerte der Ritter von Bosenstein. „Dein eignes Urteil hast du gesprochen, es soll an dir vollzogen werden."

Die Edelfrau wurde in einer Höhle am Wasserfall eingemauert. Die Sage berichtet, dass Hirten das fürchterliche Geschrei der Frau hörten und ihr aus Mitleid Brot in die Höhle warfen. Bis eines Tages der Ritter kurzerhand Wasser in die Höhle leiten ließ und seine Frau auf diese Weise ertränkte. Seitdem wird die Stelle als Edelfrauengrab bezeichnet.

Wem nach der schauerlichen Sage noch Kräfte verbleiben, dem sei die alpine Wanderung über den Karlsruher Grat (siehe nächstes Kapitel) empfohlen. Beim Aufstieg zum Grat mit grandioser Fernsicht bis weit ins Achertal hinein sind die düsteren Geschichten bald vergessen.

Anreise:

Auf der A 5 Karlsruhe-Basel, Ausfahrt Achern,
Richtung Schwarzwaldhochstraße, Kappelrodeck bis Ottenhöfen.
Von Osten her über Freudenstadt, Ruhestein,
Schwarzwaldhochstraße, Seebach bis nach Ottenhöfen.
Informationen: www.ottenhoefen-tourismus.de

◄ *Blick auf die Höhle, in der die Edelfrau bei lebendigem Leib eingemauert wurde, wie die Sage berichtet*

Ran an den Fels

Der Karlsruher Grat

Schroffe Felsen, riffartige Kämme, steile Abgründe: Zwischen Achertal und Schwarzwaldhochstraße reckt sich der Karlsruher Grat wie ein wildes, zerklüftetes Gebirge inmitten sanfter Bergkuppen empor. Als hätte der Schwarzwald versucht, einen auf Alpen zu machen. Genau genommen ist der Karlsruher Pfad ein Urprodukt der Natur. Ziemlich alt und ziemlich genial. Vor 250 Millionen Jahren gab es hier eine gewaltige Spalteneruption. Glühendes Magma drang durch das Granitgestein und hinterließ ein vier Kilometer langes und 700 Meter breites Riff aus Quarzporphyr, auf dem es sich heute wunderbar klettern lässt.

Zum alpinen Adrenalin-Kick auf dem Grat führt der Weg zunächst durch eine enge Felsschlucht vorbei an den Edelfrauengrab-Wasserfällen. In der Klamm rauscht das Wasser des Gottschlägbachs an moosigen Felswänden herab. Das kühle Sprühwasser benetzt unsere Haut. Ein Schauer läuft über unseren Rücken, als wir die Felsenhöhle passieren und auf einer Schrifttafel am Weg die Sage vom Edelfrauengrab lesen.

Der dschungelartige Pfad verläuft entlang der Felskante, in der sich der Bach eingegraben hat und in größeren und kleineren Kaskaden zu Tale stürzt. Über steinerne Treppen geht es stetig bergauf. In den sprudelnden Gumpen tummeln sich Forellen; eine Wasseramsel sitzt auf einem Felsen und sucht nach Insekten.

Nach dem Ausstieg aus der wilden Waldschlucht öffnet sich das liebliche Gottschlägtal. Auf saftigem Wiesengrün grasen Kühe. Ein kleiner Kasten am Wegesrand birgt eine Überraschung: Ein Selbstbedienungs-

Der Aufstieg durch die Schlucht des Gottschlägbachs ▶

Kiosk, gefüllt mit allerlei selbst gebrannten Schnäpsen und Likören, Bier und Säften, herrlich erfrischend, da gekühlt vom Bergbach. Aber ein Gipfelschnaps vor dem Gipfel ist keine gute Idee, und wir gehen weiter.

Ein steiler, steiniger Pfad führt hinauf zum Kletterparadies „Karlsruher Grat". Der Ausblick am Herrenschrofen muss über das harte Porphyrgestein erklettert werden. Ein kleiner Vorgeschmack auf das, was uns oben am Grat erwartet. Doch der kleine Abstecher lohnt: Der Ausblick über das Achertal und die Rheinebene bis hin zu den Vogesen ist wunderschön. Die zum Süden liegende Felswand hat durchaus mediterran-alpinen Charakter. Es duftet harzig nach Kiefern. Ginsterbüsche tupfen gelb leuchtende Farbkleckser in das Frühlingsgrün der Bäume. Ein Perlmutterfalter flattert auf. Über dem hohen Grat zieht ein Kolkrabe seine Runden.

Nur wenige Meter weiter endet der Pfad und geht in den schroffen Felsen über. Schwindelfrei sollte man freilich sein, denn das Klettern entlang des Grates mit Blick in die Tiefe ist nichts für schwache Nerven. Wer sich das nicht zutraut, hat die Möglichkeit, über den Wanderpfad der blauen Raute zu folgen und das Felsenriff auf der Nordseite zu umgehen. Am Grat muss sich jeder selbst seinen Weg erklettern – es gibt keine Markierungen, aber dafür unendlich viele Möglichkeiten. Also ab vom Weg und ran an den Fels. Das Gestein ist – vorausgesetzt, es ist trocken – erstaunlich griffig. Kaum liegt die Hand am Fels, pumpt Adrenalin durch den Körper. Ohne Sicherung, hoch überm Tal im Felsen hängend, mit klopfendem Herzen, rechter Hand geht der Blick in die Tiefe, die bloßen Hände in den Fels gekrallt, mit den Wanderschuhen nach festem Stand suchend, eine Hand greift nach oben, der Fuß zieht nach, Zentimeter um Zentimeter. Mit jedem Vorsprung, der überwunden ist, steigt die Begeisterung. Höhenrausch auf nicht mal tausend Metern. Der Porphyrfelsen ist sehr hart und trittfest, es gibt kein loses Gestein, von dem man abrutschen könnte. Halterungen oder Seile sucht man am Karlsruher Grat vergebens. Vorsicht ist

Ab vom Weg und ran an den Fels ▶

dennoch geboten, auch wenn der Klettersteig im Gegensatz zu denen im Alpenraum als leicht einzustufen ist. Denn der Name wurde dem Grat aufgrund dort verunglückter Kletterer aus dem Raum Karlsruhe gegeben. Die schwierige Stelle am Eichhaldenfirst bis zum markanten Kreuz ist daher nur geübten Kletterern vorbehalten und gehört nicht zum Wanderpfad.

Rund 400 Meter Strecke beträgt die Kletterpassage, die immer wieder wunderschöne Ausblicke bis weit in die Rheinebene bereithält. Nach der Überschreitung der ersten Felspassage, die im zweiten Abschnitt etwas anspruchsvoller wird, kann erneut auf den Umgehungspfad gewechselt werden. Beim Bosensteiner Eck, dem höchsten Punkt auf knapp 800 Metern, kehren wir im Berggasthof Bosenstein ein und stärken uns mit einer zünftigen Vesper.

Beim Abstieg belohnt die Felskanzel des „Brennte Schrofen" mit einer fantastischen Aussicht, bevor es auf steilen Pfaden zurück nach Otten-höfen geht.

Informationen

Start/Ziel: Beim Bahnhof/Kurgarten Ottenhöfen.
Länge: 12,2 Kilometer
Ausschilderung: „Schwarzwälder Genießerpfad"
Dauer: Je nach Kondition und Übung zwischen 4 und 5 Stunden.
Wegbeschaffenheit: Überwiegend auf naturbelassenen Wegen, alpine Kletterpassage über den Grat auf Felskämmen.
Für die Wanderung auf dem Grat ist Schwindelfreiheit, Trittsicherheit und gutes Schuhwerk Voraussetzung. Bei Regen sollte wegen der Rutschgefahr von der Wanderung abgesehen werden.

◀ *Schwindelfrei sollte man freilich sein*

▲ *Herrliche Ausblicke am „Brennte Schrofen", dem brennenden Fels*

Anfahrt nach Ottenhöfen:

Mit dem Auto von Stuttgart über Freudenstadt, Ruhestein, Schwarzwaldhochstraße; mit dem Zug über Karlsruhe, Baden-Baden, Achern nach Ottenhöfen.

Übernachtungen und Informationen über
www.ottenhoefen-tourismus.de

Von den sagenumwobenen Allerheiligen-Wasserfällen zur Klosterruine

Allerheiligen – ein beseelter Ort von besonderer Kraft

Dass man im Schwarzwald an abgeschiedenen Orten kleine Kapellen auffindet, ist nichts Besonderes. Aber eine Klosterruine von solch gewaltigen Ausmaßen in einem abgelegenen wilden Tal ist sehr außergewöhnlich. Dabei ist es ausgerechnet einem Esel zu verdanken, dass an dieser Stelle ein Kloster entstand. Heute sind nur noch Reste des gotischen Baus vorhanden, doch sie zeugen von der einstigen Schönheit und Strahlkraft dieses Ortes. Über sechs Jahrhunderte lang prägte das Kloster Allerheiligen als religiöses Zentrum die Region. Tausende von Wallfahrern und Klosterschülern reisten in das abgelegene Liertal. Wer die Ruine des Kloster Allerheiligen betritt, spürt noch heute die Kraft, die diesen besonderen Ort umgibt.

Mark Twain erkundete auf seiner Europareise im Jahr 1878 die Klosterruine Allerheiligen und schwärmte von der besonderen Lage:

„Den ganzen Nachmittag ging es bergauf. Gegen fünf oder halb sechs erreichten wir den Gipfel, und auf einmal teilte sich der dichte Vorhang des Waldes und wir schauten hinab in eine tiefe und wunderschöne Schlucht und auf ein weites Panorama bewaldeter Berge, deren Gipfel in der Sonne leuchteten und deren Lichtungen von einem violetten Schatten verdunkelt wurden. Die Schlucht zu unseren Füßen, genannt Allerheiligen, bot am Ende der mit Gras bewachsenen Talsohle gerade genug Platz für eine bezaubernde und anheimelnde menschliche Bleibe, abgeschieden von der Welt mit ihren Belästigungen…" (Mark Twain, *A Tramp Abroad* (1880), eigene Übersetzung aus der Originalausgabe, www.gutenberg.org/files/119/119-h/119-h.htm).

▲ *Ein kraftvoller Ort mit Ausstrahlung: Klosterruine Allerheiligen*

Das Kloster wurde Ende des 12. Jahrhunderts von Uta von Schauenburg gestiftet. Welche Gründe die Adlige zur Stiftung bewog, ist nicht bekannt. Es gibt keine entsprechenden Dokumente. Vielleicht wollte sie für ihr Seelenheil sorgen, denn sie war bereits 70 Jahre alt, als sie das Kloster ins Leben rief. Mit dieser Stiftung konnte sie dann auch ihr Vermögen sinnvoll investieren. Denn Geld hatte sie genügend. Doch über den Ort, an dem das Kloster erbaut werden sollte, konnte man sich nicht einig werden.

Der Sage nach hatte Uta einen Traum: Ein mit Gold beladener Esel sollte die Lage des neuen Klosters anzeigen. Also schickte Uta einen Esel mit der wertvollen Last von ihrer Schauenburg los. Als der Esel auf dem Sohlberg mit den Hufen scharrte, soll sich dort eine Quelle aufgetan haben. Nur unweit davon schüttelte er sich und die mit Gold gefüllten Säcke rollten hinab ins Tal. Die Legende berichtet, dass Uta von Schauenburg den Ort, an dem die Goldsäcke liegen blieben, als

Schlucht und Klosterruine sind von einer besonderen Atmosphäre umgeben ▶

Stätte für das Kloster bestimmte. Und auf wundersame Weise fanden die Bauarbeiter jeden Morgen genügend Baumaterial just an jener Stelle vor, an dem das Gold aus den Säcken gerollt war. Ein neugieriger Zimmermann, der das Wunder beobachten wollte, wurde eines Morgens dort tot aufgefunden.

Es ist nicht von der Hand zu weisen: Schlucht und Klosterruine sind von einer geheimnisvollen Atmosphäre umgeben. Es verwundert deshalb nicht, dass sich um Kloster und Wasserfälle zahlreiche Legenden ranken. Andere Berichte erzählen von einem Lump, der sich wegen seines Lebenswandels nirgends mehr blicken lassen konnte. Daher entschloss er sich, Klosterbruder zu werden. Doch selbst im Kloster hatte er Böses im Sinn. Bruder Pauli soll sich der Zauberei verschrieben und sogar als Wilderer sein Unwesen getrieben haben. Angeblich goss er aus dem silbernen Klosterkreuz Kugeln, die nie ihr Ziel verfehlten. Noch heute soll er auf einem schwarzen Pferd im Grindebächer Wald umhergeistern.

Zwischen Rench- und Kinzigtal soll zudem auch noch ein anderer Geistermönch herumstreifen: Als ein Pfarrer aus Allerheiligen zu einem Sterbenden auf dem abgelegenen Moosbauernhof eilte, verlor er ungeschickterweise unterwegs die Hostie. Seitdem irrt der ruhelose Geist des inzwischen verstorbenen Pfarrers auf der Suche nach dem verlorenen Abendmahl durch die tiefen Wälder und Schluchten. (Quellen der Sagen: http://www.klosterruine-allerheiligen.de/wissenswert-amuesant/anekdoten/spukende-moenche/ und Johannes Künzig (Hrsg.), *Schwarzwald-Sagen*, Jena, Eugen Diederichs Verlag 1930, S. 68; S. 222–223).

Am eindrucksvollsten erschließt sich das wild-romantische Liertal vom Parkplatz „Wasserfall Allerheiligen" her. Von dort steigt man auf steinernen Treppen direkt neben den Wasserfällen aufwärts. Mit gewaltiger Kraft stürzt der Lierbach über sieben Kaskaden fast 100 Meter in die Tiefe. Bänke laden zum Verweilen in der eindrucksvollen Schlucht ein. Es ist ein Ort, an dem der Schwarzwald mystische Kräfte zu entfalten scheint. Für den Wanderer sind die Allerheiligen-Wasserfälle ein kraftvoller Ort, um aufzutanken oder die Gedanken loszulassen, sie

▲ *Über sieben Kaskaden stürzt sich der Lierbach ins Tal*

einfach dem Lauf des Wassers zu übergeben. Die Nachmittagssonne wirft ihre langen Schatten in die Schlucht. Auf den Felswänden zeichnen sich bizarr dunkle Tannen ab. Eine Steintafel berichtet Schauriges: Auf der Felswand gegenüber soll ein steinernes Bild zu sehen sein. Eine Zigeunerin hatte das Herz eines jungen Steinmetz gebrochen. Als sie ihn verließ, meißelte er ein Portrait seiner Geliebten in den Fels. Dann schnitt er das Seil durch und stürzte sich in den Tod. Doch heute ist das in den Felsen gemeißelte Bild nicht zu sehen. Vielleicht haben es die Schatten der Tannen verschluckt?

Im Klosterhof angekommen biegen wir nach links auf den Sagenrundweg. Der Pfad führt hinauf zur Engelskanzel. Von diesem Felsen aus bietet sich ein wunderschöner Ausblick in das Lierbachtal. Die Engelskanzel erhielt ihren Namen wegen einer Jungfrau, die sich auf der Flucht vor Verfolgern auf den Felsen rettete. Nun stand sie am Abgrund, und die Männer kamen immer näher. Mit einem beherzten Gebet auf den Lippen sprang sie in die Tiefe! Plötzlich erschienen Engel, die sie auffingen und auf die andere Seite trugen. Seitdem heißt der Felsen Engelskanzel. Engel, die Wanderer von der einen zur anderen Seite tragen, gibt es dort keine mehr, doch lohnt sich der Aufstieg allemal der schönen Aussichten wegen.

Informationen

Wer etwas länger wandern möchte, startet am Wanderparkplatz „Steinmäuerle" beim Schliffkopf und folgt dem „1000-Meter-Weg". Auf der blauen Raute geht es über den Fuchsbühl und Erdbeerlochweg steil abwärts zur Klosterruine Allerheiligen und über Treppen durch die Schlucht. Die einfache Strecke beträgt rund 6 Kilometer. Entweder wandert man auf demselben Weg zurück, oder man fährt mit dem Bus von Allerheiligen bis zum Schliffkopf.

Anfahrt:
Über die A 5 Ausfahrt Appenweier, B 28 Richtung Freudenstadt bis Oppenau und weiter Richtung Lierbach/Allerheiligen oder Ausfahrt Achern, weiter auf der L 87 Richtung Ottenhöfen/Schwarzwaldhochstraße bis Ottenhöfen und weiter nach Unterwasser/Allerheiligen.

Die Klosterruine ist frei zugänglich. Informationen zu Führungen über die Tourist-Information Oppenau, Telefon 0 78 04 / 91 08 30, www.oppenau.de
www.klosterruine-allerheiligen.de

Einkehr:
Klosterhof Allerheiligen, täglich ab 10 Uhr geöffnet.
www.klosterhof-allerheiligen.de

Winterzauberwald

Im Winter über den Kaltenbronn

Wandern bei Kälte, Eis und Schnee? Ist das nicht verrückt? Vielleicht. Doch ich liebe es, im Winter draußen unterwegs zu sein. Mit der richtigen Ausrüstung ist Winterwandern eine wunderbare Sache. Kristallklare Luft, frischer Pulverschnee, der unter den Füßen knarzt, in einer warmen, gemütlichen Hütte einkehren und heißen Glühwein trinken, machen das Winterwander-Abenteuer perfekt.

Es ist Sonntag, der erste Advent, als wir uns nach einem üppigen Frühstück in der Pension Heidi in Dobel auf den Weg nach Forbach machen. 26 Kilometer liegen vor uns, die uns über die Hochebene des Kaltenbronn hinunter ins Murgtal nach Forbach führen. In Dobel ist es still, niemand ist auf der Straße. Kurz vor Ortsende steigt eine Frau aus dem Auto. „Wandern Sie den Westweg?" Wir nicken. Das findet sie eine „super Sache", erzählt sie uns. Nach einer kurzen Unterhal-

▼ *Wandern in der schneebedeckten Landschaft hat meditativen Charakter*

tung ziehen wir weiter und passieren die Westwegpforte Sonnentor Dobel. Doch von Sonne ist trotz Sonnentor nichts zu sehen.

Auf dem vereisten Weg passieren wir das Dobler Wahrzeichen, den Wasserturm. Leider ist der Himmel von Wolken verhangen und die Fernsicht, die sich bei gutem Wetter bietet, bleibt uns verwehrt. Wir marschieren weiter und tauchen ein in die schneebedeckten Tannenwälder des Schwarzwaldes.

Eine verschneite Winterlandschaft hat etwas Meditatives. Sie beruhigt die Seele. Die Atmosphäre ist von einer eigenartigen Stille geprägt, als hätte der Schnee jeden Ton verschluckt. Dünner Nebel schwebt zwischen den Tannen, hin und wieder strahlen einzelne Sonnenstrahlen durch den Schleier, die den Wald in ein mystisches Licht tauchen. Der Westweg, der unterhalb des Schweizerkopfes als breiter Forstweg verläuft, ist ohne Schneeschuhe gut zu begehen. Im Sommer wäre dieser Weg höchst unattraktiv, doch mit der Schneedecke bekommt selbst diese „Forstautobahn" einen zauberhaften Reiz, da wir die ersten Spuren durch den Neuschnee ziehen. Leider reicht der Schnee nicht für die Schneeschuhe aus. Wir kommen zügig voran und genießen die Wanderung durch den stillen Winterwald.

Leicht geht es bergauf Richtung Kaltenbronn. Während in der Höhe die Landschaft weiß ist, ist einige Hundert Meter unter uns im Tal alles grün.

Plötzlich hören wir Motorenlärm. Ein Auto auf dem Westweg? Kurz darauf hält ein Jeep. Wir kommen mit dem Fahrer ins Gespräch. Es ist Manfred Senk, Förster und Mitarbeiter des Infozentrums Kaltenbronn. Er erklärt uns, dass die Aussichten erst durch den Sturm Lothar 1999 entstanden sind. Und wir erfahren, dass wir uns in Auerhahngebiet befinden. Rund 30 Hähne und 30 Hennen leben im Bereich des Kaltenbronn. Auerhühner ernähren sich hauptsächlich von Nadeln, dabei ist ihnen die Kiefernadel die liebste. Rund 400 Gramm Nadeln täglich benötigt ein Auerhahn im Winter, um seinen Futterbedarf zu decken. Gefährlich wird es, wenn querfeldein gehende Skitourengänger und Schneeschuhwanderer ihn in seinem Lebensraum stören, erklärt Senk. Muss der Vogel wegen Eindringlingen flüchten, kommt er sehr schnell in ein Energiedefizit, das zu seinem Tod führen kann.

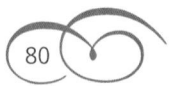

Seinen ganzen Zauber entfaltet der Westweg auf den schmalen Pfaden, die vom Forstweg abzweigen und durch tief verschneite Tannenwälder führen. Unterwegs treffen wir nur auf einen Wanderer, der nach seiner Rast auf der Hahnenfalzhütte wieder auf dem Rückweg nach Dobel ist.

Das Hochmoor Kaltenbronn liegt auf über 900 Metern. Das Wildseemoor mit dem Wildsee und dem Hornsee sowie die Hohlohseemoore sind seit vielen Jahrzehnten als Naturschutzgebiete ausgewiesen. Die Moorseen sind Hochmoorkolke, die auch als Mooraugen bezeichnet werden. Tatsächlich sehen die Moorseen auf Luftbildern im Sommer wie Augen aus. Das Bannwaldgebiet rund um die Moorseen bietet wichtige Lebensräume für über 400 Arten von Farn- und Blütenpflanzen. Sogar der fleischfressende Sonnentau ist hier beheimatet. Neben Auerhuhn und Dreizehenspecht ist die Höllenotter, eine schwarze Kreuzotternart, anzutreffen.

Wir folgen dem Holzbohlenpfad entlang des Hohlohsees. Immer wieder öffnen sich Blicke auf das tief verschneite Moor. Dann teilt sich der Himmel, die Sonne bricht hinter den Wolken hervor und taucht die Landschaft in ein glitzerweißes Traumbild. Das reflektierende Licht des Schnees ist so gleißend, dass wir die Augen schließen müssen. Schon

▼ *Blick auf den verschneiten Hohlohsee*

▲ *Der Hohlohturm markiert die höchste Stelle des Hochmoors auf 988 Metern*

bald sehen wir den markanten Hohlohturm, der vom Schwarzwaldverein 1887 errichtet wurde. 1968 wurde der Turm erweitert und ist heute 28,6 Meter hoch. Der Turm steht auf der höchsten Erhebung des Hochplateaus auf 988 Metern.

Das Wetter schlägt um: blauer Himmel und Sonnenschein. Ein traumhafter Tag im Schwarzwald. Wir können uns nicht vorstellen, an einem anderen Ort auf der Welt zu sein. Mir fällt ein Zitat des amerikanischen Schriftstellers Henry David Thoreau ein: „Die wahre Ernte meines täglichen Lebens ist etwas so Unberührbares, so Unbeschreibliches wie die Himmelsfarben am Morgen oder Abend; sie ist eine Handvoll eingefangenen Sternenstaubs, ein Stückchen Regenbogen." (Henry David Thoreau, *Walden oder Ein Leben in den Wäldern*, München, DTV-Verlag, 1999, S. 236).

Thoreau hat sich mit 28 Jahren in die Wälder am Walden-See in Neuengland, USA, zurückgezogen, um dort ein Experiment zu wagen: Alleine, auf sich gestellt, im Einklang mit der Natur zu leben. Das war

Licht wie nicht von dieser Welt ▶

1845. Sein Buch ist heute noch immer aktuell. Und ein klein wenig spüren wir sie, diese Freiheit, die Thoreau erlebte, und das, obwohl wir nur einen Tag im Winterwald unterwegs sind.

Auf 715 Metern Höhe befindet sich der Latschigfelsen und in unmittelbarer Nähe der Aussichtspavillon. Dort legen wir eine kleine Teepause ein und stärken uns mit einem Energieriegel. Uns steht der Abstieg ins Murgtal bevor, und bald beginnt es zu dämmern. Ade Winterlandschaft. Denn tief unten im Tal der Murg ist alles grün. Der Abstieg ins Murgtal geht mächtig in die Knie und erfordert Konzentration. Nasse Steine und Blätter machen den Untergrund sehr glitschig. Nach 8 Stunden und 26,95 Kilometern haben wir unser Etappenziel Forbach erreicht. Auf uns warten eine warme Dusche und ein feines Abendessen. Das haben wir uns auch verdient.

Informationen

Zweite Etappe des Westwegs von Dobel nach Forbach
Länge: 26 Kilometer
590 Höhenmeter Aufstieg, 988 Höhenmeter Abstieg
Schwierigkeit: schwer
Wer die Wanderung im Winter unternimmt, sollte gut vorbereitet sein. Für die Strecke haben wir rund 8 Stunden benötigt.
Achtung: Es wird bereits ab 17 Uhr dunkel, Stirnlampe mitnehmen! Je nach Schneelage empfehlen sich Schneeschuhe und Spikes, die man sich an die Wanderschuhe schnallt. Vor allem der steile Abstieg nach Forbach kann bei Vereisung sehr herausfordernd sein. Handyempfang nur beschränkt möglich. Genügend Proviant und warme Getränke mitnehmen. Vor der Tour die Einkehrmöglichkeiten am Kaltenbronn prüfen (Betriebsurlaub).
Sommers wie winters lässt sich das Naturschutzgebiet Kaltenbronn wunderbar auf Rundwegen und Loipen erkunden.
Anfahrt: Von der A 81 Ausfahrt Horb, weiter auf der B 28 Richtung Freudenstadt und B 294 Richtung Bad Wildbad. Am Kaltenbronn steht eine Reihe von Parkplatzzonen kostenlos zur Verfügung.

▲ *Abendstimmung am Latschigfelsen*

Ab Kaltenbronn starten verschiedene Rundwege
zwischen 3,4 und 8,5 Kilometer Länge.
Weitere Informationen zum Westweg unter
www.schwarzwaldverein.de und
www.schwarzwald-tourismus.info
Informationen zum Naturschutzgebiet Kaltenbronn unter
www.infozentrum-kaltenbronn.de

Einkehrtipp:

In der urigen Grünhütte die leckeren Heidelbeerpfannkuchen
genießen, täglich geöffnet von 10 bis 18 Uhr.
www.gruenhuette.de
Telefon 0 70 81 / 86 27
Die Hütte ist nur zu Fuß zu erreichen. Vom Kaltenbronner Wild-
gehege (Parkplatz F) durch das Wildseemoor wandern, an der
Weißensteinhütte vorbei zur Grünhütte (circa 5 Kilometer).

Westweg-Winter-Wanderung

Schneeschuh-Expedition durch stürmische Höhen

In Forbach pfeift der Wind durch's Westweg-Portal Murgtaltor. Es sind Sturmböen vorhergesagt, und wir können nur erahnen, was uns auf den Höhen erwartet, wenn es bereits im Tal so kräftig bläst. Unsere heutige Westweg-Etappe führt von Forbach nach Unterstmatt. Mit knapp 20 Kilometern ist die Strecke recht moderat, doch wir müssen 1040 Höhenmeter bewältigen. Wir rechnen auf den Berghöhen mit Schnee, immerhin kommen wir heute über 1000 Meter auf der Badener Höhe und auf dem Hochkopf.

Und so geht es an diesem Dezembermorgen richtig zur Sache. Als wir die Wegscheidt-Hütte erreichen, sind bereits die ersten 400 Höhenmeter bewältigt. Von dort führt der Westweg ein kurzes Stück hinab

▼ *Am Herrenwieser See hat sich Schauerliches zugetragen*

zum Schwarzenbachstausee. Danach geht es auf einem steilen, steinigen Pfad aufwärts. Fast hätten wir den Herrenwieser See links liegen gelassen, aber gut, dass wir uns entschließen, den Abstecher zu machen. Der See liegt vor uns wie eine Wintermärchenlandschaft. Die dunklen Tannenwälder sind von leichtem Frost überzogen, der See ist zugefroren. Wir setzen uns auf die Bank und blicken auf den See, den eine vollkommene Stille umgibt. Als wäre plötzlich die Zeit eingefroren, und die ganze Welt hält den Atem an. Auch wir sind still und genießen diesen kostbaren Augenblick. Kein Laut dringt an unsere Ohren. Kein Tier, kein Vogel ist zu sehen.

Dieser dunkle See birgt ein düsteres Geheimnis. Die Sage erzählt von zwei Burgen, eine auf dem Schwarzkopf und die andere auf dem Seekopf. Auf der Seeburg lebten zwölf Brüder, allesamt Raubritter, mit ihrer bildhübschen Schwester. Auf der Schwarzburg wohnten zwölf schöne Schwestern, mit ihrem Bruder. Schon langte hegten die Seeburger Raubritter den Plan, die Schwestern aus der Schwarzburg zu entführen. Der ehrbahre Ritter der Schwarzburg war unsterblich in die Seeburger Jungfrau verliebt, doch deren böse Brüder wollten sie ihm nicht zur Frau geben. Also schmiedete er einen Plan, um sie zusammen mit seinen Schwestern heimlich aus der Burg zu holen. Und so kam es, dass beide Parteien sich in derselben Nacht auf den Weg machten, um ihre Pläne auszuführen. Mitten im Murgtal stießen sie aufeinander. Der edle Ritter wurde mit seinen Schwestern überwältigt und in die feindliche Raubritterburg geschleppt. Dort stach jeder der zwölf bösen Brüder seinen Dolch in die Brust des guten Ritters. Danach töteten sie eiskalt ihre eigene Schwester. Die geraubten Schwestern nahmen sich die Raubritter als Bräute. Doch in der Hochzeitsnacht rächten die Schwestern den Doppelmord und töteten die zwölf Seeburger Ritter. Aber auf der Flucht wurden sie von den Knechten der Raubritter eingeholt und kaltblütig ermordet.

Bald darauf brach auf der Seeburg ein Feuer aus. Unter den einstürzenden Balken und zusammenbrechenden Mauern will man zwölf Frauen gesehen haben, die in weißen Gewändern durch die Feuersbrunst schritten, jede von ihnen mit einem Kind auf dem Arm. Gemeinsam wandelten sie zum See und stürzten sich von der Karwand in die Tiefe. Dumpf brausten die Wasser auf und ab. Da ist der See schwarz wie Tinte geworden.

Immer freitags um Mitternacht sollen zwölf weiße Frauen aus dem Turm der Ruine Seeburg schreiten, in ihrer Mitte ein bleicher Mann, in dessen Brust zwölf Dolche stecken. Während sie durch den Schlosshof gehen, kommt ihnen aus der Hauptpforte ein Zug von zwölf schwarzen Männern entgegen, die brennende Fackeln halten, und in ihrer Mitte geht eine in weiße Schleier gekleidete Frau. In tiefer Stille schreiten sie aneinander vorbei und verschwinden gemeinsam in der Begräbniskapelle.

Weiter berichtet die Sage von einem Mann, der in der Nähe des Sees wohnte und Kruzifixe aus Holz schnitzte. In der Nacht hörte er oft ein Stöhnen wie von Sterbenden, das mitten aus dem See zu kommen schien. Immer, wenn er das Wehklagen hörte, ging er auf die Knie und betete für den Frieden der ruhelosen Seelen in der Tiefe des Sees. Als seine Frau starb, vernahm er Musik aus der Sterbekammer. Leise öffnete er die Türe und erblickte dreizehn weiße Jungfrauen mit Lichtern in den Händen, die bei der Leiche wachten. Am folgenden Tag waren es dreizehn junge Männer, die bei der Toten Wache hielten (Quelle der Sage: August Schnezler (Hrsg.), *Badisches Sagenbuch*, Band II, Karlsruhe, Kreuzbauer und Kasper, 1846, Text von Alois Wilhelm Schreiber).

Was für eine grausige Spukgeschichte. Man kann es nicht verdenken, dass sich die Menschen in den tiefen, dunklen Tälern früher solche Schauergeschichten erzählt haben. Wir wandern auf beschilderten Wegen, gut gerüstet mit Wanderkarten, GPS-Gerät, Goretex-Kleidung und Taschenlampe. Wie anders war es früher, als der Wald tatsächlich dunkel und finster war und man den Herrenwieser See für unergründlich tief hielt. Heute wissen wir, dass er neuneinhalb Meter tief ist. Wir können verstehen, dass das dunkle, undurchdringliche Wasser

Aufstieg zum Seekopf ▶

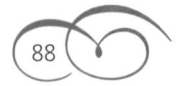

Ängste auslöste und sich niemand in den See traute, weil während langer Winternächte am warmen Feuer solche Gespenstergeschichten gesponnen wurden.

Wir wandern auf einem steilen Serpentinenweg die Karwand, mit 170 Metern die höchste im nördlichen Schwarzwald, hinauf. Mit jedem Schritt steigen wir dem Winter entgegen, der Boden ist bereits schneebedeckt. Der Waldpfad führt uns zum auf 940 Metern gelegenen Zwei-Seen-Blick, der uns einen wunderschönen Ausblick zum Herrenwieser See und der Schwarzenbachtalsperre beschert. In den Tannen über uns rauscht es mächtig. Sollte doch ein Sturm aufkommen? Und uns wird erneut bewusst, warum Wandern so gut tut. Der Kopf ist leer. Nichts, das mich belastet, es gibt keine Aufgaben, die erledigt werden müssen. Beim Wandern läuft man sich leer, es scheint, dass mit jedem Schritt der Alltag mit seinen Anforderungen von einem abfällt.

Und dann stehen wir staunend da und können kaum fassen, was wir vor uns sehen: Der dichte Wald lichtet sich und wir betreten das Tor zur Winterwelt. Über uns leuchtet ein tiefblauer, wolkenloser Himmel. Vor uns glitzern und funkeln Schneekristalle auf den Tannenbäumen. Wie eine Allee führt der Pfad zwischen tief verschneiten Tannen hinauf auf den Seekopf. Auf der Höhe schnallen wir uns die Schneeschuhe an. Herrlicher Pulverschnee knirscht unter unseren Schneeschuhen, das feine Schneepulver stiebt nach allen Seiten. Das ist pures Glück. Die Luft ist klar und rein, und auf der Höhe haben wir kaum Wind. Auf der Badener Höhe legen wir eine Rast ein.

Vorbei am Friedrichsturm wandern wir abwärts und passieren unterhalb des Mehliskopfes das verlassene Kurhaus Sand. Als wir Hundseck erreichen, geht die Sonne in einem glutroten Feuerball unter. Die Kilometer ziehen sich endlos.

Wieder geht es bergauf. Im Westen glüht die Abendröte. Stürmischer Wind pfeift uns um die Ohren. Ein Sturm kurz vor Etappenende? Wir sind müde und wollen nur noch ankommen. Im Dämmerlicht kämpfen wir uns voran.

Auf dem Hochkopf liegt der Schnee über einen halben Meter hoch, ohne Schneeschuhe wäre kein Vorankommen möglich. Inzwischen ist

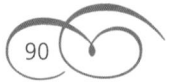

▲ *Winterwelt auf 1000 Metern Höhe: Unterwegs vom Seekopf
zur Badener Höhe*

es dunkel und stürmt heftig. Wir kramen unsere Stirnlampen aus dem
Rucksack. Gut, dass es auf der fast baumlosen offenen Grindenfläche
des Hochkopfs keine hohen Bäume gibt, die im Sturm auf uns fallen
könnten. Der letzte Abschnitt über den 1039 Meter hohen Hochkopf
wird zur Herausforderung. Am Gipfelkreuz bläst uns der Sturm fast
um. Müde und erschöpft von dem langen Tag erreichen wir die Große
Tanne in Unterstmatt. Nach einem zünftigen Abendessen spendiert
uns Hüttenwirt Günter Feist einen Schnaps, was er bei allen West-
weg-Wanderern macht, die hier nächtigen. Das gemütliche Bett in der
urigen Kammer belohnt für die Strapazen des Tages.

▲ *Kurz vor dem letzten Aufstieg zum Hochkopf erleben wir die Abendröte mit Ausblick in die Rheinebene*

Informationen

Die dritte Westweg-Etappe im Winter fordert gute Kondition und entsprechende Ausrüstung. Das Gehen mit Schneeschuhen und mit über 1000 Metern Anstieg ist kräftezehrend.
Länge: 19,4 Kilometer; Gehzeit: je nach Schneelage 8 bis 9 Stunden.
Start: Forbach
Ende: Unterstmatt
Übernachtung: Große Tanne, Unterstmatt 1,
77815 Bühl-Unterstmatt
www.zurgrossentanne.de
Telefon 0 72 26 / 254

Im Winter auf der Hornisgrinde

Gestrandete Astronauten auf einem Eisplaneten

Der Winter 2013 ist seltsam. Er scheint mehr ein verschnupfter Sommer als ein echter Winter. Von Schnee keine Spur, als wir Mitte Januar die vierte Etappe des Westwegs von Unterstmatt zur Alexanderschanze wandern wollen. Mit dem letzten Bus fahren wir von Bühl nach Unterstmatt. Während der Fahrt auf der Schwarzwaldhochstraße wird mir erneut bewusst, warum man dem Wald den Namen „silva nigra" gab: Er ist wirklich schwarz und düster. Kaum haben wir die letzte Ortschaft hinter uns gelassen, ist es finster. Keine Straßenlampen, keine Beleuchtung. Als wir an der Haltestelle Unterstmatt aussteigen, leuchtet der Mond hinter der Wolkendecke hindurch. Im fahlen Mondlicht wirken die Tannen gespenstisch. Und, was war das? Heult da nicht ein Wolf?

Hüttenwirt Günter Feist erwartet uns bereits. Wir beziehen unser Zimmer und kommen postwendend in die gemütliche Gaststube. Bei leckerem badischen Wurstsalat mit Bratkartoffeln und Käsespätzle lassen wir es uns gut gehen. In der Hütte herrscht eine lockere Stimmung. Einige Skiläufer, offenbar Stammgäste, lassen ihren Tag ausklingen. Zum Dessert gönnen wir uns gebratene Apfelküchle mit Zimt und Vanilleeis und einen Glühwein. Morgen erwartet uns eine lange Etappe. Bis zur Alexanderschanze sind es 28 Kilometer. Eigentlich wäre dort Etappenende. Doch das marode Hotel ist nicht in Betrieb. Wir müssen also weiterwandern bis Kniebis. Das sind nochmals an die vier Kilometer. Ob wir das schaffen?

Nachts wache ich auf und sehe aus dem Fenster. Alles ist weiß. Es hat geschneit.

Am nächsten Morgen verweilen wir nicht lange beim Frühstück. Es ist noch dunkel, als wir die Große Tanne verlassen und den mit der roten Raute markierten Pfad einschlagen. Frischer Neuschnee knarzt unter

▲ *Ein Warnschild auf der Hornisgrinde. Doch vor welcher Gefahr will es uns warnen?*

unseren Wanderschuhen, wir freuen uns wie kleine Kinder. Bald schon müssen wir erste Schichten ausziehen, beim Bergaufgehen wird es uns mächtig warm. Der Boden ist von einer dünnen Schneedecke überzogen und der Pfad steinig. Langsam dämmert es, die Tannen sind in Nebel gehüllt, die monochrome Landschaft umgibt eine geisterhafte Atmosphäre. Auf einmal verfärbt sich der Himmel. Was ist das? Es dauert einen Augenblick, bis wir realisieren, dass es die aufgehende Sonne ist, die dem Nebel eine rötliche Farbnuance verleiht.

Eben noch von der Bergflanke geschützt, erreichen wir die ausgesetzte Hochfläche der 1164 Meter hohen Hornisgrinde, dem höchsten Berg im nördlichen Schwarzwald. Ein eisiger Wind bläst uns ins Gesicht. Es ist so kalt, dass wir uns Handschuhe überziehen. Wegschilder und Bäume sind von einer dicken Eisschicht überzogen. Am Wegesrand steht ein Schild mit blinkendem Warnlicht. Welche Gefahren drohen uns auf der Hornisgrinde? Vor wem oder was gewarnt

Im Nebel verbirgt sich kein Raumschiff,
sondern der Fernsehturm Hornisgrinde ▶

▲ *Die Hochfläche der Hornisgrinde erscheint uns wie ein geheimnisvoller Planet aus Eis und Schnee*

wird, verrät uns das Schild nicht. Wir können uns darauf keinen Reim machen und gehen weiter. Plötzlich taucht direkt vor uns ein dunkler Schatten auf. Er ist riesig. Landet vor uns etwa ein Raumschiff? Wir sind völlig perplex, weil wir keine Ahnung haben, was das ist. Dann – für einen kurzen Augenblick – lichtet sich der Nebel, und vor uns taucht der gewaltige Funkturm der Hornisgrinde auf. So plötzlich er erscheint, so schnell ist er im Nebel verschwunden, als wäre er nie da gewesen.

Als wir den Turm hinter uns gelassen haben, kommen wir erneut an einem Schild vorbei. Diesmal ist eine schriftliche Warnung angebracht. „Lebensgefahr" und „Umgehung" steht in dicker Schrift darauf. Ahnungslos sind wir in Lebensgefahr geraten. Das wird uns auf einen Schlag bewusst, als wir den Text lesen. Das Schild warnt vor Eisfall. Das Eis kann vom Funkturm herabstürzen. Doch auf der anderen Seite des Turms fehlten trotz Blinklicht die Hinweise auf die Gefahr und auf die Umleitung über den Umgehungsweg. Wir vermuten, dass dort das Schild verloren ging.

Auf der Hochfläche der Hornisgrinde kommen wir uns vor wie gestrandete Astronauten auf einem Eisplaneten. Immer wieder brechen Nebelschleier auf und wir erblicken kristallblauen Himmel. Die Wolken rasen wie Zeitrafferaufnahmen über unsere Köpfe hinweg. Wir ziehen unsere Schals bis über die Ohren. Obwohl es nur wenige Grad unter null sind, fühlt es sich durch den Windchill an wie minus 20 Grad. Der Wind entfesselt ein Drama, wirft Wolken und Nebelfetzen wie Spielbälle auf und ab. In Eis gepackte Bäume und Sträucher, umrahmt von dramatischen Wolkenformationen, bieten spektakuläre Motive. Immer wieder ziehen wir die Fotoapparate aus der Tasche, bis der Akku, erschöpft von der Kälte, seinen Dienst verweigert.

Von Westen her ziehen die letzten Nebel über den Gipfel und eröffnen uns einen wundersamen Ausblick. Nur auf der Hornisgrinde herrscht Winter. Um uns herum blicken wir auf grüne Berge und Täler. Wir verlassen die eisige Welt der Hornisgrinde und steigen auf einem felsigen Pfad Richtung Mummelsee ab. Immer wieder halten wir an, blicken andächtig auf das sagenhafte Lichtspiel, das sich vor unseren Augen ereignet. Von der Sonne angestrahlte Nebelschwaden ziehen über die Bergrücken, eine Wolkenwand schiebt sich über grüne Tannenberge, darüber leuchtet ein makellos blauer Himmel. Ein unglaublich beglückendes Gefühl, die Schönheit der Natur so unmittelbar zu spüren. Außer uns ist niemand unterwegs und wir fühlen uns in der Tat privilegiert, dieses Erlebnis mit niemandem teilen zu müssen.

Als wir den Mummelsee erreichen, fällt mir Mörikes Gedicht ein.

„Es geisten die Nebel am Ufer dahin, / Zum Meere verzieht sich der Weiher / Nur still! / Ob dort sich nichts rühren will?" schrieb der Dichter in seinem Gedicht „Die Geister am Mummelsee" über seine Eindrücke des auf 1000 Metern gelegenen Karsees. Recht hatte er. Der See liegt einsam und still, der Parkplatz ist verlassen. Nichts ist zu spüren von dem Rummel, den vielen Besuchern und Tretbootfahrern, die sich im Sommer am Mummelsee tummeln.

Auf der Darmstädter Hütte kehren wir ein. Hüttenwirtin Christel Trayer staunt. Westweg-Wanderer, die im Winter der roten Raute folgen, gibt es nur wenige. Diesen Winter sind wir sogar die Ersten. Wir stärken uns bei einer leckeren Kartoffelsuppe, bevor wir weiter Richtung Wilder See ziehen.

Beim in der Nähe der Euting-Grabstätte gelegenen Wildseeblick funkelt der Wilde See wie ein Eiskristall, umrahmt von stolzen Tannen, aus der Tiefe empor. Auf dem Serpentinenweg steigen wir entlang des Skihangs hinab zum Ruhestein, wo sich die Nationalparkverwaltung und das Naturschutzzentrum befinden. Im Mittelalter war der Ruhestein einer der wichtigsten Passübergänge im nördlichen Schwarzwald. Einer Überlieferung zufolge soll der Name von einer großen Buntsandsteinplatte herrühren, auf dem die Händler nach dem anstrengenden Anstieg aus dem Tal ihre Güter abstellten und eine Ruhepause einlegten.

Uns bleibt jedoch keine Zeit für eine Pause. Wir wandern über den schneefreien Schliffkopf. Die karge Hochfläche mit ihren Gräsern, Moosen und Büschen erinnert an Landschaften in Skandinavien. Auf dem Schliffkopf verlaufen Murgleiter, Renchtalsteig, Seensteig gemeinsam mit dem Westweg. Auf breitem Forstweg geht es weiter bis zur Röschenschanze. Ab dort verläuft der Westweg auf einem schmalen Pfad. Durch die Schneeschmelze ist der Pfad morastig. Wir waten

▼ *Die Klarheit des Morgens belebt unsere Sinne*

▲ *Unterwegs im Nationalpark Schwarzwald*

durch tiefe Pfützen und kommen nur langsam voran. Es dämmert, und dann noch das: Es schneit! Im Schein unserer Stirnlampen stapfen wir voran. Der Wind peitscht uns die Schneeflocken ins Gesicht. Meine Brille beschlägt, ich kann kaum erkennen, wohin ich laufe. Es ist erst 17 Uhr und stockdunkel. Das Lied von Hänsel und Gretel kommt mir in den Sinn: „Es war so finster und auch so bitterkalt." Diese Etappe fordert alle unsere Kräfte. Der Rucksack hängt wie ein steinerner Klotz am Rücken. In der Ferne sehen wir Licht. Es sind die Häuser der Zuflucht. Am liebsten würden wir dort Zuflucht suchen, doch wir müssen weiter. Erschöpft erreichen wir die Alexanderschanze. Das Nachtdunkel hüllt das Hotel in eine finstere Aura. Wie ein düsteres Spukschloss liegt es auf der einsamen Passhöhe. Ab dort folgen wir nicht mehr dem West-weg. Wir leuchten mit unseren Stirnlampen auf die Wegweiser, bis wir das Schild Richtung Kniebis finden. Noch einmal nehmen wir alle Kräfte zusammen. Wir sind müde, und jeder Schritt fällt schwer. Inzwischen ist der Boden von einer festen Schneedecke überzogen.

Als wir nach rund zehn Stunden Gehzeit unser Hotel in Kniebis erreichen, zeigt unser GPS 35 Kilometer an.

Informationen

Westweg Etappe 4
Unterstmatt bis Alexanderschanze: 27,8 Kilometer,
bis Kniebis-Dorf: circa 35 Kilometer
Aufstieg: 720 Meter, Abstieg: 680 Meter
Gehzeit: circa 9 bis 11 Stunden bei guten Wetterbedingungen
Schwierigkeit: lange, sehr anstrengende Etappe
Zugegeben, man muss schon ein wenig verrückt sein, diese lange
Etappe im Winter zu wandern. Die Gastgeber in Kniebis bieten einen
Abholservice für Westweg-Wanderer am Etappenende Alexander-
schanze an.

Empfehlung:

Etappe auf zwei Tage aufteilen und eine Übernachtung im
Hotel Schliffkopf einplanen (bis Schliffkopf circa 18 Kilometer).
Bei entsprechenden Schneeverhältnissen und mit Schneeschuhen
müssen zwei Tage eingeplant werden. Über Verpflegung muss man
sich keine Gedanken machen. Es sind zahlreiche Einkehrmöglichkeiten vorhanden.

Berghotel Mummelsee, www.mummelsee.de,
Telefon 07842/99286

Rasthütte Seibelseckle, geöffnet 1. Mai bis 31. Oktober täglich
von 9.30 bis 17.30 Uhr, 1. November bis 30. April täglich außer
donnerstags von 9.30 bis 17.30 Uhr, bei Skiliftbetrieb auch
donnerstags geöffnet, www.seibelseckle.de, Telefon 07842/30892

Darmstädter Hütte, durchgehend warme Küche bis 17 Uhr,
Dienstag Ruhetag, www.darmstaedter-huette.de,
Telefon 07842/2247

Ruhestein-Schänke, täglich von 10 bis 18 Uhr,
Telefon 07449/91053, www.skilift-ruhestein.de

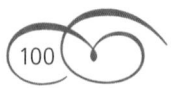

Übernachten:

Hotel Schliffkopf, www.schliffkopf.de, Telefon 07449/920-0
Natur- und Sporthotel Zuflucht,
www.hotel-zuflucht.de, Telefon 07804/912-560
Übernachtungen in Kniebis: Informationen erteilt das
Besucherzentrum, www.kniebis.de,
Telefon 07442/7570

Ziemlich kahl, ziemlich nass und ziemlich außergewöhnlich

Die Hornisgrinde im Sommer

Bei schönem Wetter wandern ist langweilig. Mal im Ernst, wer will denn nur blauen Himmel auf seinen Fotos haben? Wolken und Nebel verleihen dem Schwarzwald etwas Geheimnisvolles, Mystisches. Genauso verhält es sich mit dem Wandern. Bei schönem Wetter kann jeder Wandern. Wer den Schwarzwald kennenlernen will, der muss dann raus, wenn es neblig und nass ist. Elemente spüren! Und die spürt man am besten auf der Hornisgrinde. Dort stehen die Chancen auf schlechtes Wetter ziemlich gut.

Auf der 1164 Meter hohen Hornisgrinde herrscht ein außergewöhnliches Klima. Die Jahresdurchschnittstemperatur liegt bei 4,9 Grad Celsius. Das entspricht den Werten von Moskau. Mit über 2200 mm Niederschlägen im Jahr ist es ausgesprochen nass. Die Hornisgrinde ist die regenreichste Region Deutschlands. Auf ähnliche Temperaturen und Regenmengen trifft man erst wieder im Norden Schottlands. Schuld daran sind die Vogesen. Durch die Zaberner Senke, ein nur 410 Meter hoher Übergang zwischen Vogesen und Pfälzer Wald, ziehen die regenreichen Wolken vom Atlantik ungehindert über die Vogesen hinweg und steigen nach dem Rheingraben bei Seebach (400 m) langsam hoch. Bis sie zwischen Mummelsee (1010 m) und der Hornisgrinde kleben bleiben und abregnen. Weil die Hornisgrinde weit und breit der einzige große Klotz ist, der den Wolken im Wege steht, sind plötzliche Wetterkapriolen auf der Hornisgrinde fast schon an der Tagesordnung. Plötzliche Gewitter im Sommer, durchschnittlich 180 Nebeltage und Schneestürme im Winter verwandeln die sonst so betuliche Hornisgrinde in einen gefährlichen Berg, auf dem man sich leicht verirren kann. Wie es ist, wenn man sich in Eis und Nebel, ohne es zu ahnen, in Lebensgefahr begibt, habe ich im vergangenen

▲ *Die Hochfläche der Hornisgrinde. Hier landeten in den 1920er-Jahren des vorigen Jahrhunderts Segelflieger*

Winter selbst erlebt. Ein halbes Jahr später stehe ich nun erneut auf der Hornisgrinde. Über mir wölbt sich der blaueste Himmel, den ich je gesehen habe. Bei schönem Wetter ist die Aussicht von diesem Berg einfach nur grandios. Sollten Sie einen dieser Tage erwischt haben, wenn Sie die Hornisgrinde besuchen, schätzen Sie sich glücklich.

Vermutlich war die Hornisgrinde bereits den Kelten (rund 800 v. Chr.) bekannt und wurde von ihnen als Kultstätte genutzt. Ab dem 12. Jahrhundert kamen Mönche und Bauern in das Gebiet. Seit dem Mittelalter wurden die Hochflächen der Hornisgrinde brandgerodet und als Weidefläche für Ziegen und Schafe genutzt. Daraus dürfte der Name abgeleitet sein. Hornisgrinde bedeutet spärlich bewachsener, mooriger Bergrücken.

Anfang des 20. Jahrhunderts zog es die ersten Touristen auf den Berg. Im Sommer kamen Wanderer, im Winter Skiläufer. 1920 entdeckten Sportflieger den 1700 Meter langen flachen Bergrücken für sich. Die

Hornisgrinde wurde zum Dorado für Segelflieger. Die strategische Lage war natürlich für das Militär hochinteressant. Während des Dritten Reiches übernahm die deutsche Wehrmacht den Fliegerstützpunkt. Nach dem Krieg beanspruchte das französische Militär den Gipfel für sich. Die Franzosen erklärten den Berg zum militärischen Sperrgebiet und richteten eine Radar- und Funkstation ein. Bis 1996 durfte die Hornisgrinde nicht mehr betreten werden. Aus dieser Zeit finden sich noch Teerstraßen, Gräben, Gebäude und Zaunreste des Sperrgebiets. Markanteste Bauwerke sind der 205 Meter hohe Sendeturm, der 1965 errichtet wurde, und der Bismarckturm, der den höchsten Punkt auf der Hornisgrinde kennzeichnet.

Der Aussichtsturm, 1910 vom Schwarzwaldverein gebaut, wurde in der Zeit von 1945 bis 1999 militärisch genutzt und ist seit 2005 wieder für Besucher zugänglich. Die ehemalige, 1938 für den Segelflugsport gebaute und 1942 von der Reichsluftwaffe beschlagnahmte und später von der französischen Luftwaffe genutzte Segelflughalle beherbergt heute einen Schafstall.

Die Hornisgrinde ist einzigartiges Naturschutzgebiet, auf dem die Natur auf eindrucksvolle Weise ihren Fingerabdruck hinterlassen hat.

▼ *Der Bohlenweg führt über die Torflandschaft der Hornisgrinde*

Während der letzten Eiszeit (circa 70 000 bis 10 000 v. Chr.) bedeckte eine mächtige Firnkappe den Gipfel. Immer wieder schoben sich kleinere Gletscherzungen ins Tal, die tiefe Karmulden hinterließen. Nach Osten hin fallen bis zu 130 Meter hohe Karwände ab. Übrig geblieben sind die Mulden der beiden Biberkesselkare. Vermutlich rührt das Wort vom keltischen Wort „Biver" oder „Fieber" her, was Wasser bedeutet. Vor 2000 Jahren war im Biberkessel noch ein Karsee vorhanden, der längst verlandet ist. Auf der flachen Hochfläche bildete sich nach dem Abschmelzen der Gletscher ebenfalls ein Moor. Jetzt ist die Torfschicht an manchen Stellen bis zu fünf Meter tief.

Heute führt ein Bohlenweg – der Grindenpfad – über diese faszinierende Hochmoorlandschaft. Hier wachsen über 170 Arten von Moosen, Pfeifengras und Rasenbinse, Heidelbeeren, Preiselbeeren und Heidekraut. Auch der Rundblättrige Sonnentau hat sich dort seinen Lebensraum eingerichtet. Da der Boden arm an Mineralien und Nährstoffen ist, fängt er mit seinen vermeintlichen glitzernden Tautropfen Insekten. Die bleiben an den klebrigen Blättern hängen. Ehrlich gesagt, kein schöner Tod, denn die gefangenen Tiere ersticken an dem zähen Pflanzensekret. Anschließend wird die Beute langsam zersetzt, die Nährstoffe aufgelöst und von den Drüsen auf der Blattoberfläche aufgenommen. Ein genialer Überlebensmechanismus.

Auf dem gesamten Gipfel sind Bergkiefern (auch als Latschenkiefer bekannt), in der Karwand wachsen zudem Ebereschen und Birken, allesamt Baumarten mit biegsamen Ästen, denen die Lawinen, die von der Karwand abgehen, nichts ausmachen. Das begünstigt das Wachstum seltener Pflanzen, die sonst nur im alpinen Raum anzutreffen sind wie etwa Alpen-Frauenhaarmoos, Alpendost, Alpen-Milchlattich und Stern-Steinbrech.

Das Gebiet um die Hornisgrinde ist wichtiger Lebensraum für Auerhühner. In der Karwand brütet der Wanderfalke, außerdem gibt es Schwarzspechte, Raufuß- und Sperlingskauz, Gartenschläfer und Fledermäuse. Im Frühling und Herbst ist die Hornisgrinde willkommener Rastplatz der Zugvögel.

▲ *Der Dreifürstenstein markierte 1722 die Grenzen zwischen der Markgrafschaft Baden, dem Herzogtum Württemberg und dem Fürstbistum Straßburg*

Informationen

Am besten lässt sich die Hornisgrinde vom Mummelsee aus erkunden. Der Grindenpfad beginnt direkt beim Berghotel Mummelsee und führt auf der Teerstraße zum Hornisgrindenturm und über den Bohlenweg wieder zurück zum Mummelsee. An 12 Stationen informieren Schautafeln über Landschaft, Klima und Tiere des Hochmoores.
Auf der Wanderung wird der Dreifürstenstein passiert, eine denkmalgeschützte Buntsandsteinplatte. Auf dem Stein wurden 1722 die Grenzen zwischen der Markgrafschaft Baden, dem Herzogtum Württemberg und dem Fürstbistum Straßburg festgelegt.
Länge: rund 5 Kilometer; Aufstieg/Abstieg: 160 Meter;
auch geeignet für Familien mit Kinderwagen.
Schwierigkeit: leicht
Alternativ auf dem Westweg (rote Raute), steiler Anstieg auf schmalem, felsigen Pfad.
www.seebach.tourismus.de

Begegnung mit dem Auerhahn

Das Auerhuhn gehört zu den faszinierendsten Tieren des Schwarzwalds. Rund 600 dieser Vögel leben in den Nadelwäldern. Doch die scheuen Tiere sind nur selten zu sehen. Umso eindrücklicher verlaufen zufällige Begegnungen mit den Urvögeln des Schwarzwalds.

Meinen ersten Auerhahn sah ich als Kind, als ich einen Skikurs belegte. Der Vogel erschreckte mich fast zu Tode. Mit seinem weit aufgerissenen Schnabel und den dunklen Augen sah er aus wie ein riesenhafter Raubvogel. Einer von der Sorte, der nachts kleine Kinder aus ihren Betten stiehlt. Kein anderes Detail ist mir so bildhaft im Gedächtnis geblieben wie der ausgestopfte Vogel im gleichnamigen Gasthaus.

Jahre später wirkte ich als Mountainbikerin im Film „Leben mit dem Auerhuhn" der Forstlichen Versuchs- und Forschungsanstalt (FVA) in Freiburg mit. Der Regisseur brannte darauf, einen Auerhahn zu filmen. Ohne Erfolg. Am letzten Drehtag fanden sie immerhin eine Losung eines Auerhuhns, die der Kameramann filmen konnte. Für die Auerhuhn-Aufnahmen, die die Vögel bei der Balz zeigten, musste auf Archivmaterial zurückgegriffen werden.

Im Winter 2009 war ich zum Skilanglauf auf einer Loipe im südlichen Schwarzwald unterwegs, als ein Schild vor einem aggressiven Auerhahn warnte. Der balztolle Hahn war kürzlich auf eine Familie losgegangen und hackte auf den Kopf der achtjährigen Tochter ein. Ich machte mir keine Sorgen, dem Auerhahn zu begegnen, doch meine Schwester scannte mit Argusaugen den Wald ab. Auf halber Strecke rief sie „Da ist er!", und stoppte so abrupt, dass ich mit meinen Skiern in ihre bretterte und in den Schnee knallte. Tatsächlich. Rund 50 Meter entfernt im Wald hockte der Hahn wie ein stolzer Gockel auf dem schneebedeckten Boden. Er reckte den Kopf in die Höhe, stellte die gefächerten Schwanzfedern und begann sich zu drehen. Meine Schwester lief fluchtartig weiter, ich machte schnell noch einige Schnappschüsse, bevor er verschwand.

Im Winter 2013, der ja kein Winter, sondern eher ein verschnupfter Sommer war, wanderte ich mit meinem Mann auf dem Schliffkopf, als uns plötzlich ein seltsamer Vogel direkt vor die Füße lief. Mitten auf dem Wanderweg! Er sah aus wie eine übergewichtige, weißgesprenkelte Taube. Vielleicht ein Rebhuhn? Ich hielt es nicht für nötig, ein Foto zu machen. Später erklärte mir ein Ranger, dem ich den Vogel beschrieb, dass wir einer Auerhenne begegnet waren.

Im Sommer 2014 wandere ich im Nationalpark. Nachdem unsere Gruppe das Nachtquartier in der Darmstädter Hütte bezogen hat, steht abends eine Führung mit dem Ranger zum Wilden See auf dem Plan. Im Abendsonnenlicht, das sich wie ein goldener Schleier auf die Heidelbeersträucher der baumfreien Grinden legt, spazieren wir zum Karsee.

Das Auerhuhn benötigt lichte Nadelwälder und ernährt sich am liebsten von Heidelbeeren. Wir befinden uns im Auerhuhngebiet. Vielleicht treffen wir auf einen der prächtigen Vögel, denn in der Nähe wurde häufiger ein Hahn gesichtet.

Und tatsächlich, der Ranger hat den Auerhahn mit dem Fernglas erspäht. Er gibt ein Handzeichen, damit wir uns ruhig verhalten. Da, jetzt sehen wir ihn. Seine dunklen Schwanzfedern heben sich deutlich von den von der Sonne beschienenen Heidelbeersträuchern ab. Plötzlich ertönt heftiges Flügelschlagen und Geflatter. Der Vogel hebt ab, schwerfällig wie ein überladenes Flugzeug und wir bekommen einen ersten Eindruck von der imposanten Statur eines ausgewachsenen Auerhahns. Bis zu fünf Kilogramm schwer werden die Hähne, die eine Flügelspannweite von fast einem Meter erreichen. Trotz ihrer mächtigen Flügel sind sie alles andere als Flugkünstler. Schleppend landet der Hahn nur unweit von unserem Standort. Wir halten den Atem an. So behäbig er eben durch die Luft geflogen ist, zwischen den Heidelbeersträuchern bewegt er sich flink und leichtfüßig, wie eine Balletttänzerin auf der Bühne. Seine Brustfedern leuchten metallisch grün, der auffällige rubinrote Fleck über den Augen wirkt wie eine Kriegsbemalung. Mit seltsamen Lauten, die sich wie ein metallenes Rülpsen anhören, stolziert er vor uns auf und ab, als wüsste er, dass ein Auerhahn im

◀ *Traumhafte Abendstimmung im Nationalpark*

Abendlicht ein ziemlich geniales Fotomotiv ist. Zwei Minuten später ist die Show beendet. Als die letzten Sonnenstrahlen hinter dem Berg verschwinden, macht sich der Auerhahn auf und davon.

Hintergrund

Das Auerhuhn lebt als tagaktiver Vogel in lichten und totholzreichen Flächen. Auerhühner schlafen am liebsten auf abgestorbenen Bäumen. Sie ernähren sich von Beeren, Blüten und Blättern, im Winter hauptsächlich von Kiefernadeln. Zusätzlich fressen sie kleine Steinchen, die bei der Verdauung helfen. Die Heidelbeere ist für das Auerhuhn überlebensnotwendig. Ein ausgewachsener Auerhahn kann täglich bis zu zwei Kilogramm Heidelbeeren vertilgen. Die Sträucher bieten den Vögeln sicheren Schutz vor Feinden. Im Heidelbeergestrüpp fallen die Hennen mit ihren Küken kaum auf. Die dichten Zweige bieten ausreichend Schutz vor Wind, und die vielen Insekten sind für die heranwachsenden Küken proteinreiche Nahrung. Während der Balzzeit von März bis Juni ist der Testosteronspiegel der Auerhähne um das Hundertfache seines Normalwertes erhöht. Balzende Hähne sind äußerst

▼ *Nur ganz selten bekommt man einen der scheuen Auerhähne zu Gesicht*

▲ *Sonnenuntergang im Nationalpark*

aggressiv und greifen sogar Menschen an. Im Winter, wenn die Nahrung knapp ist, benötigen Auerhühner ihre ganze Energie für die Futtersuche. Werden sie durch querwaldein laufende Skitourengeher oder Schneeschuhwanderer gestört, kann das fluchtbedingte Energiedefizit zum Tod der vom Aussterben bedrohten Vögel führen. Auch im Frühjahr und Sommer sind die Auerhühner sehr sensibel gegenüber Störungen. Insbesondere während der Balzzeit sind die Tiere hochsensibel. Eine gestörte Paarung kann bedeuten, dass es zu keiner weiteren Annäherung und Befruchtung kommt.

Informationen über das Auerhuhn und andere Wildtiere des Nationalparks im Nationalpark Schwarzwald Magazin.
www.nationalpark.blog
Der Nationalpark bietet zahlreiche Veranstaltungen zum Thema Natur und Wildtiere.
www.schwarzwald-nationalpark.de

Der Schliffkopf

Nächtliche Einsamkeit zwischen Ruhestein und Kniebis und ein begehbarer Baumfriedhof

Der Schliffkopf gehört zu den ältesten und größten Naturschutzgebieten in Baden-Württemberg. Der Buntsandstein-Höhenzug liegt zwischen der Hornisgrinde und dem Kniebis. An seiner höchsten Stelle ist der Schliffkopf 1055 Meter hoch.

Bereits 1939 wurde das Gebiet wegen seiner typtischen Grindenvegetation mit Bergheiden, Latschenkiefern, Karen und Blockhalden unter Naturschutz gestellt.

Wer heute auf der Schwarzwaldhochstraße vom Ruhestein kommend Richtung Kniebis fährt, kann sich kaum vorstellen, dass das Gebiet bis Anfang unseres Jahrhunderts nicht erschlossen und kaum zugänglich war. Erst durch den Bau der Schwarzwaldhochstraße wurde das Schliffkopfgebiet nach und nach erschlossen. Die Schwarzwaldhochstraße zählt heute zu den beliebtesten Panoramastraßen in Deutschland. Wer sie nicht mit unzähligen Autos und rasenden Motorrad-

▲ *Der Schliffkopf im Sonnenschein*

fahrern teilen will, dem empfehle ich, die Straße in aller Frühe oder nachts zu fahren. Natürlich ist nachts nichts von dem aussichtsreichen Panorama zu sehen. Allerdings hat die Straße in der Nacht einen ganz besonderen Reiz. Es ist nämlich dunkel. Richtig dunkel. Stockdunkel. So finster, dass es Angst macht. Denn eine solche Dunkelheit sind wir auf unseren Straßen nicht mehr gewöhnt. Zur Dunkelheit kommt die Einsamkeit. Vom Schliffkopfhotel bis Kniebis sind es nur rund zehn Kilometer, doch in der Schwärze der Nacht auf 1000 Höhenmetern kommt einem die Strecke auf der einsamen Straße viel länger vor. Wer das Glück hat und eine wolkenlose, mondfreie Nacht erwischt, kann die Sterne vom Himmel greifen, so nah scheinen sie zu sein.

Man muss den Schliffkopf zweimal erleben. Mindestens. Bei Nebel, wenn die Hochfläche wie mit einem seidenen Schleier umhüllt ist, im Sommer, wenn die grünen Weideflächen das Bild prägen und die Sicht bis hin zu den Alpen reicht, oder im Herbst, wenn sich bei Inversionswetterlagen der Blick über die Nebelwelt im Tal erhebt. Der Schliffkopf ist immer ein Erlebnis, egal bei welcher Wetterlage und zu welcher Jahreszeit.

Seinen Namen hat der Schliffkopf den zahlreichen Quellbächen, die hier entspringen, zu verdanken. Das 1055 Meter hohe Plateau ist

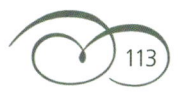

▲ *Der Schliffkopf im Nebel*

Wasserscheide in östlicher und westlicher Richtung. Die Quellbäche von Murg, Rench und Acher schürfen sich in den weichen Buntsandstein ein und schleifen ihn ab. Der Schliffkopf teilt das raue Klima mit der Hornisgrinde. Auf den Grinden leben sogar Urpflanzen und Urtiere, Relikte aus der Eiszeit. Dazu zählen der Schweizer Löwenzahn und die Alpine Gebirgsschrecke, die hier ideale Lebensbedingungen vorfinden.

Auf dem Schliffkopf befindet sich ein Ort, an dem sich die Kräfte der Natur auf besonders eindrückliche Weise beobachten lassen.

Am zweiten Weihnachtsfeiertag 1999 fegte Orkan Lothar mit Windböen um 200 Stundenkilometer über den Schwarzwald hinweg. Innerhalb von zwei Stunden sind 30 Millionen Kubikmeter Holz quasi dem Erdboden gleichgemacht worden.

Interessant ist ein Phänomen, das in Seebach, wenige Stunden vor Ausbruch des Orkans, beobachtet wurde. Hirsche und Rehe kamen aus den Wäldern und verharrten auf offenen Wiesenflächen. „Die haben gespürt, dass da etwas kommt", erzählt Ranger Charly Ebel, mit dem ich heute auf dem Lotharpfad unterwegs bin. „Man weiß nicht,

woher sie das wussten, vielleicht waren es Luftdruckschwankungen oder Schwingungen." Für die Naturwissenschaftler steht indes fest, dass in der Natur solche gewaltigen Stürme häufiger vorkommen. Etwa alle dreißig Jahre ereignen sich derart heftige Orkanwinde, weiß man aus den Aufzeichnungen der vergangenen 200 Jahren.

Warum also nicht die Natur sich selbst überlassen und beobachten, wie sich der Wald alleine regeneriert?

Auf dem Schliffkopf blieb eine Fläche, etwa so groß wie zehn Fußballfelder, der Natur überlassen. Ganz bewusst wurde auf Aufräumarbeiten oder Zersägen von Bäumen verzichtet. Wenn ein Baum im Weg liegt, dann führt ein Steg oder eine Treppe darüber. So entstand der circa ein Kilometer lange Lotharpfad, ein begehbarer Baumfriedhof, der wie ein Labyrinth auf hölzernen Stegen, Leitern und Treppen durch das Gebiet verläuft. Fünfzehn Jahre später zeigen sich viele neue und überraschende Entwicklungen, die man als Besucher hautnah miterlebt.

Vom Waldfriedhof zeugen noch die alten Stämme, bizarre Wurzeln, die querkant herumliegen. Doch inzwischen hat sich neues Leben angesiedelt. Hier wächst der Urwald der Zukunft auf. Keine Fichtenmonokultur, sondern Mischwald. Neue Bäume sind bis zu drei Meter

▼ *Dem Wald beim Wachsen zusehen*

▲ *Hier entsteht der Urwald der Zukunft*

hoch gewachsen. Das Totholz wird Nährboden für vielerlei Tiere und Pflanzen. Inzwischen sind auf dem Lotharpfad Vögel anzutreffen, die sich vor dem Orkan nie in den dichten Wäldern angesiedelt hätten: Gartenrotschwanz und Neuntöter, auch der Dreizehenspecht, der sich in Totholzgebieten ausgesprochen wohl fühlt. Dort findet er Nahrung in Form von Insekten, die er aus den absterbenden Bäumen hackt.

Der Lotharpfad zeigt auf seine Weise, welche Kräfte sich in der Natur entfalten, wenn der Mensch nur Zuschauer bleibt.

Totholz schafft Lebensraum ▸

Informationen

Vom Naturschutzzentrum Ruhestein her kommend auf der
Schwarzwaldhochstraße (B 500) Richtung Freudenstadt.
Der Lotharpfad befindet sich etwa drei Kilometer südlich des
Schliffkopfs an der Schwarzwaldhochstraße.
Parken direkt am Parkplatz Lotharpfad.
Die Ranger des Nationalparks bieten von Mai bis Oktober geführte
Wanderungen über den Schliffkopf und den Lotharpfad an.
Informationen erteilt das Informationszentrum des Nationalparks,
www.schwarzwald-nationalpark.de,
Telefon 0 74 49/92 99 80

Tannenzweige im Morgentau ▸

Neptun, Nixen, Wassergeister – der Mummelsee zwischen Mythos und Kommerz

Warum man auf keinen Fall Steine in den Mummelsee werfen soll

Um keinen See im Schwarzwald ranken sich mehr sagenhafte Erzählungen und Legenden wie um den Mummelsee. Er ist die kommerzialisierte Version der Schwarzwald-Karseen: Exponierte Lage am Fuße der mächtigen Hornisgrinde auf 1028 Metern, wohlgeformte, fast kreisrunde Seeoberfläche, schnell und bequem von der Schwarzwaldhochstraße aus zu erreichen; Hotel, Bootsverleih und Andenkenläden befinden sich gleich daneben. Im Sommer wird der Mummelsee seinem Spitznamen „Rummelsee" mehr als gerecht. Dann füllen Busse den Platz und man sieht den See vor lauter Menschen nicht.

In einem Zeitungsartikel von 1848 beschreibt ein Autor seine Eindrücke vom Mummelsee: „Hoch droben über dem Rhein liegt der Mummelsee, in finstern Waldgründen versteckt, auf allen Seiten von den höchsten Gipfeln des mittleren Schwarzwalds umgeben. Schwarze Tannen werfen ihre Schatten in die tiefen und klaren Wasser, so dass der See einen düsteren, fast schauerlichen Eindruck macht. Selten nur belebt ein neugieriger Wanderer oder ein Hirte mit dem Glockengeläute seiner weidenden Kühe oder ein rüstiger Holzhauer diese stille Einöde." („Eine Sage aus dem Schwarzwalde", Zeitungsartikel aus dem Jahr 1849, zitiert von den Brüdern Grimm in ihren Anmerkungen zur Mummelseesage, in: Brüder Grimm, *Deutsche Sagen* (1816/18), 2 Bände in einem Band, München, 1976, S. 591–592).

Mit dem Aufkommen des Tourismus wurden die Höhen des nördlichen Schwarzwalds erschlossen. In den Jahren 1957 bis 1960 wurde die

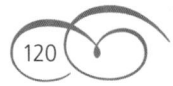

▲ *Um die geheimnisvolle Atmosphäre des Mummelsees zu verstehen, muss man an einem nebligen Tag kommen*

Schwarzwaldhochstraße in Richtung Mummelsee ausgebaut. Ab da war es für den Mummelsee dann vorbei mit dem eiszeitlichen Gletscherschlaf auf einsamer Höhe.

An meinen ersten Besuch am Mummelsee kann ich mich bildhaft erinnern. Ich war zwei Jahre alt. Im Familienalbum klebt ein Schwarz-Weiß-Foto, das mich auf einem Esel sitzend zeigt. Neben mir steht der unheimliche Mummelsee-Geist und fuchtelt mit seinem Dreizack. Der Schrecken, den er mir damals einjagte, saß tief.

Lange Jahre mied ich den Mummelsee. Damals gab es noch Fotografen, die Touristen fotografierten. Heute knipst jeder sein „Selfie", und es gibt eine Bretterwand, durch die Touristen ihre Köpfe strecken, um sich selbst als Mummelsee-Geist im digitalen Format abzuspeichern. Ja, so ändern sich die Zeiten. Doch trotz der Souvenirshops, in denen Kuckuck-„clocks", Bollenhüte, sonderbare Hexen und „Black Forest"-Schinken feilgeboten werden, umgibt den Mummelsee noch immer ein Mythos.

Zu verdanken ist das den Literaten, die einst Gedichte und Lieder um den sagenhaften See im dunklen Tannenwald schrieben (verschiedene historische Textquellen können bei Johannes Künzig (Hrsg.), *Schwarzwaldsagen,* Jena, 1930 und auf der Seite von Klaus Kramer nachgelesen werden, http://www.heilige-quellen.de/Orte_Baden-Wuerttemberg/Mummelsee/Mummelsee_Seite.html). Hans Jakob Christoffel von Grimmelshausen ließ sich von merkwürdigen Vorkommnissen, die ihm über den See erzählt wurden, inspirieren und verarbeitete sie dann literarisch in seinem 1669 erschienenen Roman *Simplicius Simplicissimus.*

Unermessliche Tiefen wurden dem Mummelsee zugeschrieben, unheimliche Unterwasserwelten, in denen Nixen und Seegeister und sogar schreckliche Ungeheuer wohnen. Angeblich soll es sogar eine Verbindung bis zum Mittelpunkt der Erde geben. Was der Mummelsee überhaupt nicht mag, ist es, wenn Steine hineingeworfen werden. Denn das verstopft die unterirdischen Höhlensysteme. Dann ziehen fürchterliche Gewitter auf, um die Gänge von ihrem Schutt zu befreien.

Versuche, die Tiefe des Sees zu vermessen, sind stets gescheitert. Sogar ein Herzog von Württemberg versuchte sich als Forscher und wollte dem See bis auf den Grund gehen. Von einem Floß aus ließ er ein Senkblei in die Tiefe. Doch statt auf Grund zu stoßen, soff plötzlich Floß samt Herrschaft ab, die sich nur mit Müh und Not ans Ufer retten konnte.

Röders *Lexikon von Schwaben* (Ulm 1791) versucht das Phänomen des unergründlichen Sees zu erklären. „Wenn Steine von großem Gewicht hineingewälzt werden, so entsteht nach einer halben Minute eine Blähung des Wassers mit einem Getöse, das dem siedenden Wasser gleicht. Da wo der Stein gesunken, wirft es sich einen Fuß hoch auf und braust wie kochendes Wasser. Das dauert vier bis fünf Minuten lang."

Athanasius Kircher, ein Jesuit und angesehener Gelehrter (1602–1680), stattete dem geheimnisvollen See einen denkwürdigen Besuch ab. Seine Beobachtungen fanden Eingang in sein berühmtes, 1678 publiziertes Werk *Mundus subterraneus* (*Unterirdische Welt*). Darin schildert er, wie er gemeinsam mit einem Jäger den Mummelsee erkun-

▲ *Kuckucksuhren, Schwarzwälder Schinken und Bollenhüte, das Angebot im Souvenirladen ist reichhaltig, aber überwiegend „made in China"*

dete: „Wir kamen, nachdem wir mühsam wie die Ziegen geklettert waren, zu einem von dunklen Fichtenwäldern umsäumten See, voll pechschwarzen Wassers. Dieser See hat und duldet keine Fische, und wenn man welche hineinbringt, wirft er sie wieder aus wie das Meer die Leichen. Ja nicht einmal den Teichfrosch oder den Wasserläufer nährt dieser gänzlich unfruchtbare See in seinen traurigen Wellen. Nur einige große und scheußliche Kröten habe ich angetroffen – und auch die waren verendet. In dem Gewässer aber lebten zahlreiche, etwa spannengroße Tierchen, die Salamandern oder Sterneidechsen stark ähnelten." (Quelle: http://www.heilige-quellen.de/Orte_Baden-Wuerttemberg/Mummelsee/Mummelsee_Seite.html).

Auch andere Lebewesen wurden gesichtet. Nachdem ein Markgraf mit seinem Gefolge geweihte Eicheln und andere Gegenstände in den See warf, soll ein entsetzliches Ungeheuer aufgetaucht sein und die gesamte Gesellschaft in die Flucht geschlagen haben. Damit nicht genug, das schauerliche Ungeheuer hinterließ dann auch noch ein monströses Unwetter.

Der badische Jesuit Bernhard Dyhlin startete 1727 einen Selbstversuch. Als der See auf sein Steinewerfen mit stoischer Ruhe reagierte, nahm er kurzerhand seine Flinte und schoss hinein. Im *Discurso de thermis Badensibus* (Rastatt 1728) hielt er seine Beobachtung fest und vermerkte, dass er nichts Ungeheuerliches bemerkt habe.

Vermutlich waren es die als „Mummeln" bezeichneten Seerosen, die dem See den Namen gaben. Diese Wasserlilien schließen abends ihre Blüten, verschwinden im dunklen Moorwasser und tauchen am nächsten Tag wieder auf. Das Abtauchen und Aufsteigen der Rosen dürfte viele der Legenden um Wasserelfen und Seenixen inspiriert haben.

Und wie tief ist der See nun tatsächlich? Der Mummelsee ist der größte, höchst gelegene, meist besuchte und tiefste der sieben verbliebenen Karseen im Schwarzwald. Und von wegen unergründlich! An seiner tiefsten Stelle misst er 17 Meter. Übrigens ist der Mummelsee der einzige Karsee, in dem Baden erlaubt ist. Doch Vorsicht! Gefahr droht weniger von den Geistern des Sees, denn von den zahlreichen Ruder- und Tretbootfahrern, die über den See schippern.

Ich empfehle den Mummelsee im Herbst an einem nebligen Tag aufzusuchen. Am besten am späten Nachmittag. Dann sind kaum Besucher dort, und der See entfaltet seine geheimnisvolle Aura, die Eduard Mörike zum Verfassen seines Gedichts „Die Geister am Mummelsee" inspirierte:

> „Die Wasser, wie lieblich sie brennen und glühn!
> Sie spielen in grünendem Feuer;
> Es geisten die Nebel am Ufer dahin,
> Zum Meere verzieht sich der Weiher
> Nur still!
> Ob dort sich nichts rühren will?"

Informationen

Der Mummelsee liegt an der Schwarzwaldhochstraße zwischen Freudenstadt und Baden-Baden.
Der See kann auf einem barrierefreien Pfad umrundet werden.
Bootsverleih in den Sommermonaten täglich von 10 bis 18 Uhr.
www.mummelsee.de
www.seebach-tourismus.de

An neblig-kalten Tagen ist man alleine am sonst überlaufenen Mummelsee ▶

Die dunklen Augen des Waldes

Unterwegs auf dem Seensteig
durch den Nationalpark Schwarzwald

Dichte Schleier umhüllen die Tannen wie Seidentücher. Nach wenigen Metern verliert sich der Weg, verwischt und verschwimmt im Nebel, der an diesem Sommermorgen bis hinab in die Täler unterhalb des Schliffkopfs hängt.

Vom 1050 Meter hohen Schliffkopf aus haben wir uns in aller Frühe auf den Weg gemacht. In unseren Waden stecken die ersten beiden Etappen des Seensteigs, der in Baiersbronn beginnt und von dort in fünf Tagen rund um die faszinierende Welt zwischen Karseen und ursprünglichen Wäldern führt. Der 90 Kilometer lange Pfad, der entlang von sieben Karseen überwiegend durch den Nationalpark führt, gehört zu den schönsten im Schwarzwald.

An den ersten beiden Tagen haben wir klare, sonnige Tage erlebt. Wir passierten die Sankenbachwasserfälle, wanderten an den Ufern des Ellbachsees und des Buhlbachsees und blickten vom Schliffkopf bis weit in die Rheinebene und zu den Vogesen. Heute ist alles anders: still und unheimlich. Wie in einem Zauberwald kommen wir uns vor, beäugt von stummen Riesen. Die entpuppen sich bei Näherkommen zwar als bizarr geformte Bäume und Äste, doch haben sie sich gerade eben nicht noch etwas zugeflüstert?

Der Pfad zweigt ab und überquert nach wenigen Minuten die Schwarzwaldhochstraße. Ein graues Band, eine Schneise in der Landschaft, wie dahingeworfen aus einer fremden Welt. Wie haben sich Menschen zurechtgefunden, damals, als es noch keine Wege und noch keine Schilder gab? Der Schwarzwald wirkt an diesem Morgen geheimnisvoll und rätselhaft. Auf der Karte ist das Gebiet, durch das wir wandern, als „Hölle" verzeichnet. Was mag sich hier zugetragen haben? Magische Kräfte scheinen in diesem Winkel am Werk zu sein. Auch den Seen des Schwarzwaldes werden Zauberkräfte zugeschrie-

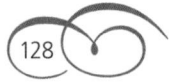

▲ *Im Nebel erhalten die Bäume geisterhafte Züge*

ben. In den Volkssagen gelten sie als Tor zur Unterwelt. Unergründlich tief und heilig sind sie. Wer die Ruhe des Sees störte, beschwor fürchterliche Unwetter herauf.

Am Ruhestein, Naturschutzzentrum und Verwaltungssitz des Nationalparks überschreiten wir die ehemalige Grenze zwischen Baden und Württemberg. Auf dem Pfad hinab zum Wilden See grollt dunkel Donner durch das Tal. Schwer fallen die Tropfen. Innerhalb weniger Minuten verwandelt sich der Weg in einen Bachlauf. Über Baumstämme und Felsklötze steigen wir hinab zum Wilden See, rutschen über nasse Wurzeln und stolpern über kantige Steine. Nun verstehen wir, dass die Hochlagen östlich des Gebirgskamms zwischen Hornisgrinde und Ruhestein zu den niederschlagreichsten Gegenden im Schwarzwald gehören. Haben wir gestern die Ruhe des Sees gestört, dass uns irgendwelche Geister aus der Untiefe böse sind? Über dem Gewässer vor uns weht heute der Hauch wildromantischer Dramatik – wie in einem Schauerroman.

Wir folgen der gelben Raute und wandern in strömendem Regen zur Darmstädter Hütte. Sie liegt auf 1000 Metern mitten im Nationalpark und ist nur zu Fuß erreichbar. Endlich können wir unsere durchnässten Jacken ausziehen. Nach dem stundenlangen Regenmarsch schmeckt die Linsensuppe umso köstlicher. Bei diesem Wetter haben nur wenige den Weg in den rustikalen Gastraum gefunden.

Hinter der Darmstädter Hütte leitet der Seensteig auf zwei Varianten zum Etappenziel Mummelsee. Die schönere von beiden wurde im Sommer 2012 ausgeschildert, und das, obwohl es sich um ein ganz sensibles Naturschutzgebiet handelt. Ein Wegweiser macht auf die neue Wegführung aufmerksam. Der versteckte Fußpfad führt über die baumfreien Kuppen des Altsteigerkopfs, Geißkopfs und Schwarzkopfs bis zum Seibelseckle. „Grinden" nennt man in der Region die freien Gipfel: das Dialektwort für Köpfe. Hier wachsen Pfeifengras, Rasenbinse und Heidekraut, die den Grinden ihren typisch heideähnlichen Charakter verleihen, der an die Landschaft in Skandinavien erinnert. Etwas Wildes, Raues liegt über diesen Weiten.

Unsere heutige Etappe endet am Mummelsee, dem größten der sieben Karseen. Das geheimnisvolle Gewässer unterhalb der Hornisgrinde hat von jeher die Fantasie der Menschen angeregt. In einem Zeitungsartikel von 1849 heißt es: „Man erzählt viel von Kobolden, die da hausen und wie es nachts bei dem See herumgeistet. Einige Tage,

▼ *Höhepunkt der ersten Etappe: Der abenteuerliche Aufstieg zu den Sankenbachwasserfällen*

ehe schlechte Witterung eintritt, bei ruhiger Luft und sonnigem Himmel, wogt und tost es dumpf aus dem Grunde des Sees herauf. Darum heißt er auch der Brummel- oder der Mummelsee." (Quelle: www.heilige-quellen.de). An schönen Tagen brummt es tatsächlich, doch das kommt nicht vom See, sondern von den vielen Reisebussen, die auf der Schwarzwaldhochstraße Hunderte von Tagestouristen herbringen.

Am vierten Tag zeigt sich wieder die Sonne. Kraftvoll brechen erste Strahlen durch den Morgennebel und wärmen uns beim Aufstieg zum höchsten Berg des nördlichen Schwarzwalds, der 1164 Meter hohen Hornisgrinde. Wie ein überdimensionaler Brotlaib schmiegt sie sich an den östlichen Rand der Rheinebene. Auf dem Gipfel hat sich ein bis zu fünf Meter tiefes Hochmoor gebildet, daher der Name „mons grinto" – sumpfiger Kopf. Während des Zweiten Weltkriegs befand sich hier eine Flugabwehrstellung der deutschen Luftwaffe, nach 1945 eine Abhörstation des französischen Geheimdienstes, der Bundeswehr und der Nato. Bis 1997 war der Gipfel militärisches Sperrgebiet. Einige Gebäude und Masten aus dieser Zeit sind noch erhalten, verfallen aber zusehends. Das Gefühl, durch Niemandsland zu laufen, kommt auf. Nach dem Kieneck, dem nächsten Gipfel, verstärkt es sich noch. Dort führt der Seensteig mitten durch den Schifferwald, der von der Erschließung breiter Forstwege verschont geblieben ist. Der Pfad folgt dem Grad über den Gipfel der Langegrinde und des Diebaukopfes bis zum Blindsee. Bis zum Sommer 2012 war der Langengrindenpfad weder markiert noch auf Wanderkarten verzeichnet. Ab dem Wegepunkt Balzgänger wird der fußbreite Pfad so schmal, dass er sich an manchen Stellen nur erahnen lässt. Die Luft klebt wie nasse Pappe. Eine grüne Wand aus meterhohem Adlerfarn, Tannen und moosbewachsenen Ästen stellt sich uns entgegen. Wir waten durch Morast, unter unseren Schuhen schmatzt es bei jedem Schritt. Dann öffnet sich der Wald: Berge, Bäume, Wälder, so weit das Auge blickt. Waldeinsamkeit. Natur. Sonst nichts. Und wieder werden wir von diesem Gefühl überwältigt: Tiefe Dankbarkeit, dass wir diese wunderbare Natur erleben dürfen. Fernab von all dem Rauschen unseres Alltags, Hektik, Telefonanrufen, E-Mails, Erledigungen und Besprechungen. Hier erreicht uns niemand. Nicht einmal Handyempfang haben wir. Dafür sind unsere Sinne wach für das, was wir unmittelbar sehen und erleben.

Die lange Strecke führt uns durch das Revier von Rotwild und Auerhahn. Immer wieder ist sie so abgeschieden, dass wir uns fragen, ob wir uns verlaufen haben. Dann endlich taucht sie wieder auf, die blaugrüne Plakette des Seensteigs. Und nach langem Marsch durch die Abgeschiedenheit steht eine hölzerne Liegebank abseits des Weges, direkt an der steil abfallenden Karwand mit Blick auf den 150 Meter tiefer gelegenen Schurmsee. Die Sonne wirft einen Lichtstrahl über die Wasseroberfläche. Das dunkle Auge des Schwarzwaldes zwinkert uns zu, als würde es uns zum Aufbruch mahnen, bevor die Dämmerung kommt und die Waldgeister erwachen. Denn beim Schurmsee, so berichtet die Sage, soll ein wilder Mann wohnen. Vor vielen Jahren soll er Wanderer angegriffen und erschlagen haben. Seit langer Zeit hört man nichts mehr von ihm, und man weiß nicht, wie und wohin er verschwunden ist. Wir wollen es lieber nicht herausfinden und machen uns auf den Weg nach Schönmünzach.

Informationen

Der Seensteig ist 91 Kilometer lang und umfasst 5 Tagesetappen zwischen 14, 4 und 22 Kilometern. Er ist vom Deutschen Wanderverband als „Qualitätsweg für besonderen Wandergenuss" eingestuft. Der Weg kann zusammenhängend oder in einzelnen Etappen bewandert werden. Alle Etappenorte sind leicht mit öffentlichem Nahverkehr erreichbar.
Der Seensteig lässt sich auch als Pauschale buchen. Das Gepäck wird bequem von Hotel zu Hotel gefahren.

Das Wanderinformationszentrum in Baiersbronn gibt Auskünfte über Wegbeschaffenheit und Wanderpauschalen unter
Telefon 0 74 42 / 84 14 66.
www.baiersbronn.de

Wildnis am Wilden See

Der Wilde See – Kronjuwel des Nationalparks

„Ein See ist das Schönste und Ausdrucksvollste einer Landschaft. Er ist das Auge der Erde, und wer hineinsieht, blickt in die Tiefe seines eigenen Wesens."

(Henry David Thoreau, *Walden – Ein Leben in den Wäldern*, eigene freie Übersetzung des Originaltextes von 1854)

Treffender als mit diesem Zitat des amerikanischen Schriftstellers Henry David Thoreau kann der Wilde See nicht beschrieben werden. Er ist das Kronjuwel des neuen Nationalparks. Keiner der Karseen ist wilder, ursprünglicher, geheimnisvoller als der Wilde See. Seit über hundert Jahren ist das Gebiet um den Wilden See als Bannwald ausgewiesen und der Wald sich selbst überlassen. Es ist ein stiller, einsamer Ort, an dem die Natur ihre wilde Kraft entfalten kann. Hier ist der Schwarzwald tatsächlich „Eine Spur wilder", wie die Broschüren des Nationalparks verkünden.

Der Wilde See ist für mich der Inbegriff eines Kraftortes. An seinen Ufern ist kein Laut zu vernehmen. Abgeschottet liegt er versteckt in den Wäldern, fernab aller Straßen. Keine lärmenden Autos oder Motorräder stören die Idylle. Es ist, als hätte sich die Natur ein Paradies geschaffen, in dem sie zur Ruhe kommt. Im Bannwald gibt es kein Muss. Es ist ein Ort, in dem alles seinem Lauf überlassen wird. Bäume sterben ab und werden zu wichtigen Lebensträgern für andere Organismen. Wo Leben stirbt, entsteht Raum für Neues. Es existieren keine Pläne, nichts wird gelenkt oder beeinflusst.

Am Ufer des Wilden Sees spüre ich den Pulsschlag des wilden Waldes. Ich erkenne mich als Teil des allumfassenden Lebenskreislaufes. Ich spüre eine Leichtigkeit und Klarheit. Auf wundersame Weise beginnt ein neuer Rhythmus. Ich komme vom Müssen in das „ich darf sein". Ich bin Offline. Vergessen ist der Alltag, die Geschäftigkeit, all die

Dinge, die es zu erledigen gilt. Ich öffne mich meiner unmittelbaren Umgebung. Ich sehe, höre, rieche, atme tiefer, bewusster. Am Ufer des Wilden Sees sitzend schließe ich die Augen und bin im Reinen. Mit mir, mit der Welt. Für einen Moment bleibt die Zeit stehen, und nichts ist wichtiger, als dieser eine gegenwärtige Augenblick.

Bei jedem Besuch entdecke ich neue Facetten des Sees. In der Abenddämmerung mischt sich das blaue Nachtdunkel des Himmels mit dem Schattengrün der Bäume, die sich auf der Wasseroberfläche spiegeln. Dunkel und unheimlich liegt der See vor mir, nur die Umrisse der schwarzen Tannenwipfel, die sich vor dem Nachtblau abzeichnen, sind zu sehen, so als legten sie schützend ihre Arme um das Gewässer.

Im Sommer stieg ich die steile Karwand herab, als ein Donnerschlag die Stille zerriss und drohend durch das Tal grollte. Der Himmel öffnete seine Schleusen und der Regen verwandelte den steinigen Pfad durch die Karwand in ein einziges Rinnsal. Ich watete durch Pfützen und kletterte mit Händen und Füßen über Baumstämme. Auf dem See wirbelte feiner Nebel auf und ab, wie filigrane Elfen, die über den See tanzen. Nass und verfroren wärmte ich mich in der Darmstädter Hütte auf, das Herz voller Glück über die wilde Schönheit, die ich dort am See erlebte.

Im Winter betrachtete ich den See von weit oben. Die Oberfläche war zugefroren und glitzerte im Sonnenlicht, als zwinkerte er mir zu.

Diesen Sommer zieht es mich erneut zum Wilden See. Gemeinsam mit einer Gruppe, geleitet von Nationalpark-Ranger Charly Ebel, wollen wir den Sonnenaufgang am Wilden See erleben. Doch in der Nacht zog eine Gewitterfront auf, und seit den frühen Morgenstunden regnet es in Strömen. Erst gegen 10 Uhr lässt der Regen nach, und wir können unsere Exkursion von der Darmstädter Hütte hinab zum Wilden See starten. Das Bannwaldgebiet zählt zu den niederschlagreichsten Regionen des Schwarzwalds.

Regentropfen schimmern wie silberne Perlen auf Blättern, Farnen und Tannenspitzen. Wir stiefeln durch Pfützen, die Wanderstiefel

◄ *Der Wilde See in der Abenddämmerung*

schmatzen bei jedem Tritt. Der Schwarzwald hat sich in einen Regenwald verwandelt. Wolken hängen wie Grabsteine vom Himmel. Aus der Tiefe steigen Nebelschwaden auf. Wie bleiche Geister klammern sie sich um die kahlen Totholzstämme.

„Schwieriger Abgang zum Wildsee" warnt ein Schild. „Nur für Trittsichere." Der Pfad ist bei trockenem Boden bereits anspruchsvoll; durch die nassen Wurzeln und den matschigen Untergrund wird er zur Herausforderung. Wir gehen, schweigend, langsam und mit großem Abstand zum Vordermann. Allein in der Wildnis. Allein in diesem tiefen, wilden Wald, zwischen toten Bäumen, die wie Gerippe riesiger Saurier den Weg säumen, und dunklen Nadelbäumen, die wie gierige Arme nach dir greifen, als wollten sie dich ins Dickicht ziehen und verschlucken. Doch der Wald bleibt friedlich. Er lässt dich ziehen, und mit jedem Schritt fallen deine Ängste ab. Der Wald wird dein Freund, und du staunst über Flechten, Moose, Pilze in den wunderlichsten Farben und Formen.

Das langsame Gehen, das bewusste Wahrnehmen öffnet mich für die wilde Schönheit dieses Urwaldes. Wo ich sonst an vielem achtlos vorbeigegangen wäre, halte ich inne und staune. Nicht zu übersehen ist die „Großvater-Tanne". Ein Urbaum, ein Gigant, der sich neben dem Pfad erhebt wie ein stummer Wächter. Ich lege meine Hände auf den Stamm der riesenhaften Tanne. Ihr Alter wird auf über 200 Jahre geschätzt. Wie der Wald damals wohl ausgesehen hat, als der Baum heranwuchs? Wie vielen Unwettern und Stürmen war sie ausgesetzt? Was könnte sie uns alles erzählen?

Als wir das Ufer des Wilden Sees erreichen, ist es ganz still. Eingekesselt von den Flanken der dicht bewaldeten Karwände, abgeschottet vom Rest der Welt, kommt es mir vor, als habe der See alle Geräusche geschluckt. Wir wagen es nicht zu sprechen, zu kostbar ist diese wunderbare Ruhe, wir wollen sie nicht stören.

Nachts am Wilden See ▶

Die Oberfläche des Sees ist vollkommen still. Jetzt verstehe ich, woher der Ausdruck „spiegelglatt" kommt. In der glatten Wasseroberfläche spiegeln sich die Tannen wider. Der Wilde See ist ein Spiegelbild der wilden, rauen Schönheit dieses Ortes. Wer hineinblickt, spürt, wie beseelt dieser Ort ist. Die Ruhe des Sees führt mich zur Ruhe. Hier und da streicht der Wind über den See, kräuselt das Wasser, lässt die Tannen ineinander verschwimmen. Kurz darauf ist der See wieder still, als wäre er seit tausend Jahren unberührt. Ich erlebe den Zauber des Augenblicks und fühle mich auf wunderbare Art beglückt.

In der Abgeschiedenheit des Wilden Sees soll sich einst eine Einsiedelei befunden haben. Auf Landkarten ist ein kleiner Berg mit dem Namen „Kapellenbuckel" eingezeichnet. Das Gebiet ist nicht mehr zugänglich, aber man weiß von Mauerresten, Buntsandsteinplatten und Ecksteinen, die inzwischen längst überwachsen sind. Sie könnten die Überreste einer kleinen Kapelle sein, doch genaueres ist nicht bekannt. Ein Vermerk aus dem Jahre 1504 des Dornstetter Vogts Hans zu Neuneck besagt, dass die Kapelle 1503 vom Wetter zerstört wurde. Ob durch Sturm oder Gewitter ist nicht bekannt. Und so trägt der Kapellenbuckel noch heute ein Geheimnis in sich und bietet Stoff für Sagen und Geschichten.

Einer liebte die Aussicht auf den Wilden See so innig, dass er alles daran setzte, um dort seine letzte Ruhestätte zu finden. Professor Dr. Julius Euting (1839–1913) richtete 1901 die Bitte „Zur Errichtung einer Begräbnisstätte" an den Staatsminister. 1902 wurde ihm von der Königlichen Forstdirektion die Fläche von einem Ar zugesprochen, und dort wurde er begraben. In seinem Testament verfügte Euting,

◀ *Die Großvater-Tanne*

▲ *An Regentagen verwandelt sich der schwarze Wald in einen üppig grünen Regenwald*

dass immer an seinem Geburtstag ein „Kaffee mit Wassertrunk" ausgeschenkt werden solle. Mit dem ungewöhnlichen Grab und dem Brauch, vorbeikommenden Wanderern am 11. Juli sein Lieblingsgetränk Mokka auszuschenken, hat sich der Professor für Orientalistik ein originelles Andenken bewahrt. Heute wird der Mokka von der Julius-Euting-Gesellschaft gestiftet, die an der Begräbnisstätte das Getränk auf traditionelle Weise auf einem Holzkohlenfeuer mit zwei Kannen zubereitet.

Informationen

Parken beim Nationalpark Besucherzentrum am Ruhestein, Schwarzwaldhochstraße 2, 77889 Seebach.
Anfahrt: von Stuttgart kommend über die A 81 Ausfahrt Horb, weiter auf der B 28 Richtung Freudenstadt und auf der B 500 Richtung Baden-Baden bis Ruhestein.

▲ *Im Bannwaldgebiet „Wilder See" ist der Schwarzwald am wildesten*

Von Süden her auf der A 5 Ausfahrt Achern und weiter Richtung Schwarzwaldhochstraße, von Norden her auf der A 5 Ausfahrt Baden-Baden und auf der B 500 weiter bis Ruhestein.

Das Nationalpark Besucherzentrum hat von Oktober bis April Dienstag bis Sonntag von 10 bis 17 Uhr und von Mai bis September Dienstag bis Sonntag von 10 bis 18 Uhr – auch an Feiertagen geöffnet.
Geschlossen an Karfreitag, 5. bis 30. November
sowie am 24., 25. und 31. Dezember und 1. Januar.
www.schwarzwald-nationalpark.de,
Telefon 0 74 49 / 92 99 84 44

Wanderung zum Wilden See:
Vom Besucherzentrum der roten Raute (Westweg) folgen. Beim „Wilder See Blick" (mit Ruhebank – tolle Aussicht) weiter bis zum Euting-Grab, geradeaus dem Westweg folgen, bis rechts der schwierige Abstieg zum Wilden See beginnt. Zurück auf dem selben Weg.

Variante: Bei der Wildseehütte die gelbe Raute einschlagen und auf breitem Weg zur Darmstädter Hütte und zurück zum Ruhestein. Wanderkarte „Wandererlebnis Nationalpark Schwarzwald" oder Wanderkarte „Baiersbronner Wanderhimmel".

Tipp:

Einkehr in der Darmstädter Hütte. Die Kartoffel- und Linsensuppe von Hüttenwirtin Christel Trayer ist legendär.
Täglich durchgehend warme Küche bis 17 Uhr.
Dienstag Ruhetag.
www.darmstaedter-huette.de

Länge: circa 8,5 Kilometer
Dauer: 3 bis 4 Stunden
Aufstieg/Abstieg: 315 Meter
Schwierigkeit: schwer
Trittsicherheit und gutes Schuhwerk erforderlich.

Das Glück, das aus den Wäldern kommt

Auf wilden Pfaden durch den Urwald; Kochen am Lagerfeuer und Schlafen unter freiem Himmel

Wer hat nicht schon einmal davon geträumt, einfach den Alltag hinter sich zu lassen und nur mit dem Nötigsten im Gepäck durch die Natur zu streifen? Abseits der bekannten Wege warten urwaldartige Wälder, stille Seen und ein verborgenes Camp mitten im Wald auf ihre Entdecker. Wer sich auf das Abenteuer einlässt, erlebt den Schwarzwald von seiner wilden, ungezähmten Seite.

Gepackt haben wir nur das Nötigste: Schlafsack, Isomatte, Taschenlampe, Trinkbecher, Besteck, Regenjacke, ein langärmeliges Hemd. Beim Infozentrum des Nationalparks am Ruhestein treffen wir Ranger Charly Ebel. Unter seiner Führung werden wir durch die Bannwälder des Nationalparks streifen. Gegessen wird am Lagerfeuer, geschlafen unter freiem Himmel. Wir werfen einen letzten Blick auf die Ausrüstung, schultern die Rucksäcke und wandern los zum Seekopf.

Eine gute halbe Stunde später zweigt ein kleiner Pfad vom Hauptweg ab. Vor uns öffnet sich ein atemberaubendes Panorama: Wälder, Berge und enge Täler, so weit das Auge blickt. Tief unter uns hebt sich bläulich schimmernd der Wilde See vom Grün der Tannen ab. Ein schmaler, verwachsener Pfad führt steil abwärts zum See. Wir befinden uns im ältesten Bannwaldgebiet Baden-Württembergs. Hier bleibt der Wald sich selbst überlassen. Zwischen intakten Tannen ragen abgestorbene Baumgerippe skelettartig in den Himmel. Doch toter Wald ist nicht gleich tot, sagt Charly Ebel. Denn gerade wegen seines hohen Totholzanteils bietet der Bannwald „Wilder See" vielen Tier- und Pflanzenarten reiche Nährstoffe. Seit 1993 ist sogar der Dreizehenspecht hier wieder angesiedelt, der zuvor aus dem Nordschwarzwald verschwunden war.

▲ *Blick auf den Wilden See*

Überwältigt von diesem Steig, der mich mitten durch einen Urwald führt, berühre ich Bäume, spüre ihre ruppige Rinde, trete über Wurzeln und kantige Steine. Kreuz und quer liegen umgestürzte Bäume wie Mikado-Stäbchen auf dem Weg. Ich klettere und krieche, muss mich mit den urwüchsigen Elementen des Waldes auseinandersetzen.

Fasziniert beobachte ich, wie auf totem Gehölz Moose, Farne und junge Bäumchen heranwachsen. Bizarre, knorrige Bäume, wuchtige Riesen der Urzeit säumen den Weg zum See. Jetzt liegt er vor mir, der Wilde See, still und glatt wie ein Spiegel, sein dunkles Moorwasser glitzert im Sonnenlicht, grün-schillernde Libellen surren über den Uferrand. Charly packt selbst gemachten Heidelbeerkuchen und Holunderblütensirup aus dem Rucksack. In der freien Natur schmeckt es gleich doppelt so gut. Der Heidelbeerkuchen ist saftig und die Beeren entfalten ein wunderbares Aroma. Der Holunderblütensirup ist herrlich erfrischend. Viel Zeit für eine Pause bleibt uns nicht, wir müssen weiter. Noch liegt eine gute Strecke vor uns.

Mit jedem Meter, den wir bergauf steigen, wechselt die Landschaft. Der Wald lichtet sich. Charly führt uns auf alten, längst vergessenen Pfaden durch karge Grindenlandschaft. Pfeifengras, Rasenbinse und Heidekraut geben den waldfreien Grinden ihren typischen

Charakter. Wir beobachten eine Kreuzotter, die sich auf einem Felsen in den Heidelbeerbüschen sonnt und staunen über skurril gewachsene Bäume.

Gegen Abend erreichen wir das Naturcamp. Versteckt, mitten im Wald gelegen, kein Hinweisschild, nur Eingeweihte wissen, wo sich das Camp befindet. Feuerplatz, Unterstand, Wasserquelle, sogar eine Waldtoilette und ein Baumhaus gehören dazu – umgeben von purer Wildnis. Solange es noch hell ist, sucht sich jeder seinen Schlafplatz, auf dem wir Isomatte und Schlafsack ausbreiten.

Endlich können wir uns dem Kochen widmen. Nach einem langen Wandertag knurrt uns allen der Magen. Ranger Heidrun Zeus bereitet am Lagerfeuer ein Essen, das als hohe Kunst der Wildnis-Küche bezeichnet werden muss: Ein Hähnchen, gefüllt mit Wildkräutern, wird mit einem Salzteig ummantelt auf die Glut gelegt. Auf Astgabeln garen Forellen, wir schnippeln Gemüse für den Eintopf. Über dem Feuer brodelt ein Kessel mit Quellwasser. Dazu gibt es Bannock, das typische Outdoor-Brot, direkt aus der heißen Glut. So lecker kann's nur in freier Wildbahn schmecken, unter Tausenden von Sternen, die

▼ *Nur für Trittsichere: Der wilde Pfad hinab zum Wilden See*

über uns leuchten. Still genießen wir die Nacht, sitzen am flackernden Lagerfeuer, erfüllt von dem Glück, das aus den Wäldern kommt, bis wir spät nach Mitternacht unsere Schlafsäcke aufsuchen.

Wo aber ist mein Schlafplatz? Hatte ich Isomatte und Schlafsack wirklich so weit entfernt ausgebreitet? Im Schein der Taschenlampe stolpere ich durch den Wald. Und ja, mir ist unheimlich zumute. Das Nachtdunkel hat die Bäume in bizarre Riesengebilde verwandelt. Ich drehe mich um, meine, ein Geräusch gehört zu haben. Doch nichts regt sich. Unsere Lagerplätze befinden sich außer Sichtweite des Nachbarn. Wir sollen den Eindruck erhalten, alleine im Wald zu sein. Und ob ich einen Eindruck bekomme! Die Nacht im Wald wird zu einem meiner eindrücklichsten Erlebnisse. Meine Ohren sind hellwach, bereit, jedes noch so kleine Geräusch aufzunehmen. Doch außer dem Plätschern des Baches ist nichts zu hören. Und das ist gut so. Ich will gar nicht wissen, welche Vorstellungskraft meine Fantasie entwickelt, wenn ich im Wald etwas knacken höre. Irgendwann werde ich wach, weil ich ein Geräusch höre. Ein Kratzen und Schaben, ganz in meiner Nähe. Eine Maus vielleicht?

Es dauert etwas, bis ich mich beruhige. Ich habe nichts zu befürchten. Es gibt keine wilden Tiere, und sicher verirrt sich niemand mitten in der Nacht ins Natur-Camp. Eigentlich ist das der sicherste Ort auf der Welt. Geborgenheit mitten im Wald. Eine völlig neue Erfahrung. Natürlich kostet es Überwindung, eine Nacht im Wald zu verbringen. Der Untergrund ist hart, ich muss auf den gewohnten Komfort einer Wohnung verzichten. Es dauert nicht lange, und ich schlafe wieder ein. Tief und fest, bis das erste Sonnenlicht auf meiner Nase kitzelt und ich, erholt wie schon lange nicht mehr, aus meinem Schlaf erwache.

Am nächsten Tag verlassen wir das Camp so, wie wir es angetroffen haben – ohne Spuren zu hinterlassen. Unser Weg führt uns weiter zur Hornisgrinde, die mit ihren Mooren und Heideflächen wie eine skandinavische Landschaft anmutet.

Zwei Tage Schwarzwald, fernab von Zivilisation und Touristenrummel, nur mit dem Allernötigsten im Gepäck, rücken die Aufmerksamkeit auf das Wesentliche im Leben. Unsere Wildnis-Expedition hat uns vor

▲ *Lagerfeuerromantik, bevor es in die Schlafsäcke geht*

Augen geführt, dass das Glück in den einfachen Dingen zu finden ist. Diese liegen oftmals verborgen direkt vor der Haustür. Man muss sie nur entdecken wollen. So wie den wilden Schwarzwald, der sich mit seiner Kraft demjenigen öffnet, der ihn mit allen Sinnen entdecken will.

Informationen

Geführte Wildnistouren mit Übernachtung im Wald und Kochen am Lagerfeuer für Erwachsene und Familien bietet der Schwarzwald Nationalpark.
Touren, Daten und Kosten sind im Jahresprogramm aufgeführt.
www.schwarzwald-nationalpark.de

Zum See der Elfen und Wassergeister

Auf abenteuerlichen Pfaden zum Ellbachsee

Dunkel sind sie und unergründlich. Wer in das dunkle Wasser eines Moorsees schaut, kann sich der Magie, die diese Seen umgibt, nicht entziehen. Ob die Sonne auf der Seeoberfläche glitzert oder Nebel geheimnisvoll über der Wasseroberfläche schwebt, der Karsee verändert täglich, ja stündlich seine Stimmung. Von einem majestätisch leuchtenden Blau bis hin zu nachtdunklem Schwarz. Es verwundert nicht, dass die aus der Tiefe mysteriös schimmernden Karseen die Fantasie der Schwarzwald-Bewohner anregten. Bei den Einheimischen galt der Ellbachsee seit jeher als See der Elfen und Wassergeister.

Unsere Entdecker-Tour zum Ellbachsee startet am Wanderparkplatz beim Informationszentrum am Kniebis. Bald haben die dichten Tannenwälder den Straßenlärm geschluckt. Nach knapp 2 Kilometern erreichen wir den Ellbachsee-Blick mit der barrierefreien Aussichtsplattform. Von der hölzernen Plattform, die wie ein Adlernest hoch über dem Ellbachsee thront, öffnet sich ein spektakulärer Blick auf den Karsee und die umliegenden Wälder und Täler. Von hier oben sieht es aus, als öffne der See seine Arme, ja als wehrte er sich, vollends eingenommen zu werden von diesem moosigen Teppich, der gierig vom See Besitz ergreift. Nahezu 80 Prozent seiner Oberfläche sind bereits verlandet. So wie die über 60 Karseen, die es einst in der Gegend um Baiersbronn gegeben hat, ist auch der Ellbachsee bekanntlich ein Überbleibsel der letzten Eiszeit. Kleine Hängegletscher schürften sich tief in den Buntsandstein ein und frästen die steilen Karwände aus dem Gestein. Nachdem die Gletscher abschmolzen, füllte sich die übrig gebliebene Vertiefung mit Wasser. Die Karwand des Ellbachsees ist 140 Meter hoch. Allerdings darf man sich das nicht als schroff abfallende Felswand vorstellen. Die Karwand ist zwar steil, jedoch dicht bewaldet.

Direkt neben der Aussichtsplattform führt ein knapp ein Kilometer langer Pfad hinab zum See. Doch Vorsicht: Der Weg ist steil und steinig und sollte nur mit entsprechendem Schuhwerk von trittsicheren Wanderern begangen werden. Das gilt ganz besonders nach oder während Regenfällen. Dann ist der Fußpfad ausgewaschen und wegen der vielen Wurzeln spiegelglatt.

Heute kommt das Wasser allerdings nicht von oben. Es ist einer der heißesten Tage des Sommers, als wir zum Ellbachsee absteigen. Trotz Schattens steht die Luft, der Schweiß rinnt aus allen Poren. Der Abstieg erfordert Konzentration. Ein wilder, ein rauer Pfad ist das, mit losen Steinen, treppenartigen Absätzen und armdicken Wurzeln, die sich wie Schlangen über den Pfad winden und schnell zur Stolperfalle geraten. Doch solche Wege lassen das Wandererherz höher schlagen. Sie vermitteln uns einen Eindruck des wilden, undurchdringlichen, dunklen Waldes, der einst die Landschaft prägte, von der die Moorseen als Relikte längst vergangener Zeiten zeugen.

Als wir den Talkessel erreichen, verstehen wir, warum der Ellbachsee mit Elfen in Verbindung gebracht wird. Der stille Karsee leuchtet in einem intensiven Blau, in dem sich die Bäume spiegeln. Ein märchenhafter Anblick. Dieser Ort strahlt eine wohltuende Ruhe aus und lädt am Ufer mit einer Bank zum Verweilen ein. Wir streifen die Rucksäcke ab und es ist, als würde mit ihnen der Alltag von unseren Schultern fallen. Wir genießen die Ruhe und blicken fasziniert auf den See, der uns in seinen Bann zieht. Weit oben sehen wir die hölzerne Plattform, von der wir vor einer halben Stunde auf den See hinab blickten. Jetzt ist sie so fern wie der Alltag. Der See hat uns verzaubert, uns in eine Welt entführt, in der nichts so wichtig ist wie der gegenwärtige Augenblick. In der Mulde des ehemaligen Gletschers scheint die Zeit eingefroren. Es sind kostbare Momente, von denen wir in unserer hektischen Zeit viel zu wenig haben. Zeit ist unser wertvollstes Gut und am Ufer des Ellbachsees sitzend ist uns bewusst, weshalb das so ist. Diese Augenblicke erfüllen und beglücken uns. Beseelte Momente sind das,

Blick auf den See von der Aussichtsplattform ▶

▲ *Wir sehen keine Elfen im Ellbachsee, aber viele bunte Blätter*

in denen nichts anderes zählt. So kann die Seele zur Ruhe kommen und neue Kräfte schöpfen.

Vom Ellbachsee wird folgende Sage erzählt: Vor langer Zeit wohnte ein alter Köhler an seinem Ufer. In lauen Sommernächten zogen die Burschen des Dorfes zum See, spielten auf der Mundharmonika und sangen ihre Lieder. Bei dieser verlockenden Musik stiegen Wasserelfen aus dem See, um mit den Burschen zu tanzen. Doch der Vater der Elfen erlaubte ihnen nur für kurze Zeit, zu den Menschen hinaufzugehen, und so mussten die Elfen nach wenigen Stunden wieder zurück in ihr Wasserreich. Das gefiel den jungen Männern ganz und gar nicht. Aus lauter Verdruss nahmen sie Ruß vom abgebrannten Kohlenmeilerplatz und streuten ihn in das Wasser. Der Mond schien auf den See, der jetzt dunkel und trüb vor ihnen lag. Dann marschierten sie zurück ins Dorf. Plötzlich schob sich eine schwarze Wolkenwand vor den Mond. Blitze zuckten über den Himmel, Donner grollte durchs Tal und der Himmel öffnete seine Schleusen. Der See lief über, der kleine Bach schwoll zu einem tosenden Strom an und riss alles mit sich. Seither gehen die Burschen nicht mehr zum See und die Elfen hat man nie mehr tanzen sehen (Quelle: www.baiersbronn.de/themen/216/de/taid, 10891/themen.html).

Ruß liegt keiner im See, doch die Oberfläche ist von unzähligen Blättern bedeckt. Auch wir sehen keine Elfen tanzen, dafür tummeln sich Forellen imposanten Kalibers im Wasser. Fast können wir uns nicht losreißen von diesem zauberhaften, stillen Ort.

Wir setzen unsere Wanderung in Richtung Mitteltal fort und folgen der Beschilderung mit der blauen Raute.

Kurze Zeit später finden wir einen Brunnen am Wegesrand. Das kalte Quellwasser ist herrlich erfrischend und schmeckt köstlich. Erfrischt wandern wir weiter, bis wir das Schild „Seensteig Abenteuerpfad" erreichen. Ein schmaler Pfad führt direkt ins Dickicht des Waldes hinein. Auf diesem Abschnitt ist voller Körpereinsatz gefragt. Stellenweise ist der Pfad wie ein Tunnel, der uns durch dicht bewachsenen Wald führt. Unsere Arme streifen an Tannengeäst, wir steigen über Felsen und Wurzeln, balancieren auf Steinen über Bachläufe. Viele der

▼ *Mitten durch das Dickicht führt der Abenteuerpfad*

Steine entpuppen sich als rutschig, wir müssen unter Zuhilfenahme der Hände über unwegsames Gelände steigen. So muss es sich anfühlen, wenn sich ein Reh, ein Luchs oder ein Hirsch durch das Walddickicht bewegt.

Der Abenteuerpfad, der seinen Namen zu Recht trägt, endet auf der Forststraße, die weiter nach Mittental führt. Wir wandern weitere 250 Meter bis zur großen Ellbachtanne. Diese Weißtanne zeugt davon, warum die Schwarzwälder Tannen einst bei den Holländern so begehrt für den Schiffsbau waren. Wie ein hölzerner Leuchtturm ragt die Tanne 45 Meter kerzengerade in den Himmel. 270 Jahre hat sie bislang unversehrt überdauert und misst 4,35 Meter im Umfang.

Wir folgen dem Forstweg zurück zum Ellbachsee und gehen von dort denselben Weg zurück zu unserem Ausgangspunkt am Kniebis.

Informationen

Start/Ziel: Wanderparkplatz am Kniebis an der Schwarzwaldhochstraße. Auf dem Kniebiser Heimatpfad Richtung Ellbachseeblick gehen, dort die Aussicht auf der Plattform genießen, dann weiter der blauen Raute zum Ellbachsee folgen.
Länge: 8,4 Kilometer
Aufstieg/Abstieg: 350 Höhenmeter
Dauer: circa 2,5 bis 3 Stunden
Schwierigkeit: mittel
Der Abstieg zum Karsee und die Wanderung auf dem Abenteuerpfad verlangen gutes Schuhwerk und Trittsicherheit.

Tipp:

Einkehr in der Kniebis-Hütte, Straßburger Straße 347, 72250 Freudenstadt-Kniebis. Öffnungszeiten: 24. März bis 4. Oktober von 11 bis 19.30 Uhr. Winteröffnungszeiten auf der Homepage erfragen. Telefon 0 74 42 / 16 01 21, www.kniebishuette.de

◄ *Ein echter Urbaum: Die über 270 Jahre alte Ellbachtanne*

Naturgewalten am Huzenbacher See

Von wilden Stürmen und bösen Weibern, die Buben fressen

Im Sommer entfaltet der Huzenbacher See seine ganze Schönheit. Majestätisch leuchten Teichrosen wie hingemalte gelbe Tupfer im Sonnenlicht. Doch nur wenige Meter vom Ufer entfernt ragen bizarre Holzsplitter in den Himmel. Es sind Überbleibsel mächtiger Tannen, die den Anschein erwecken, als hätte sie ein Riese mit seiner wuchtigen Hand wie dünne Mikado-Stäbe geknickt. Schönheit und Zerstörung liegen hier so unmittelbar beieinander wie nirgends sonst im National-park. Sie zeugen auf eindrucksvolle Weise von den Urkräften, die die Natur an diesem Ort entfesselte.

In der Nacht zum 1. Juli 2012 tobte über dem weitläufigen Baiersbron-ner Tal ein schweres Unwetter. Tornadoartige Stürme sprangen von Tal zu Tal und hinterließen einen Flickteppich der Zerstörung. Anders als bei Sturm „Lothar" im Dezember 1999 knickte dieser Wirbelsturm die Bäume nicht in eine Richtung, sondern drehte die Stämme spiralför-mig, deren Hölzer dabei völlig zersplitterten.

Zum Huzenbacher See führt ein Wanderweg ab dem Baiersbronner Ortsteil Huzenbach. Wem der vier Kilometer lange Weg, bei dem es immerhin 260 Höhenmeter zu bewältigen gilt, zu beschwerlich ist, kann mit dem Auto über den Weiler Silberberg bis zum Wanderpark-platz am Eckköpfle fahren. Von dort ist der See nach nur zweieinhalb Kilometern erreicht. Wir starten vom Eckköpfle und folgen der Forst-straße, die uns entlang eines sonnigen, stillen Tales führt. Nur wenig später passieren wir das Schild, das uns darauf aufmerksam macht, dass wir uns nun im Nationalpark befinden.

Still ruht der See, doch die Auswirkungen des Sturms sind überall zu sehen ▶

Ein Bach plätschert munter, Vögel zwitschern, der Wind lässt die Tannen rauschen. Eine perfekte Idylle. Doch dann sehen wir erste Baumstümpfe, geknickt, zersplittert, gespalten. Welch ungeheuerliche Kräfte waren hier am Werk! Wir können es uns kaum vorstellen. Die Zerstörungen sind gewaltig. Über viele Monate hinweg blieben die Wege zum Huzenbacher See gesperrt. Die Aufräumarbeiten stellten die Forstarbeiter vor schier unlösbare Aufgaben. Das Gebiet ist ein einziges Trümmerfeld und war lange Zeit nicht mehr zugänglich.

Zwei Jahre später hat der Huzenbacher See indes nichts von seiner Strahlkraft eingebüßt. Wir sitzen auf einer Bank am Seeufer und lassen die Blicke schweifen. Vor uns liegt der Karsee, als wäre nichts geschehen, doch direkt hinter uns hat die Natur die Narben der verheerenden Sturmnacht hinterlassen. Ein großes Waldstück, einfach ausgelöscht. Auf der gegenüberliegenden Seite ragt die Karwand mit ihren dunklen Tannen in die Höhe. Die gelben Teichrosen stehen kurz vor ihrer Blüte. Auf einer kleinen Torfinsel streicht ein sanfter Wind durch das weiße Wollgras, das wie kleine Büschel Zuckerwatte hin und her wiegt. Libellen schwirren durch die warme Luft, Wasserläufer flitzen mit zuckenden Bewegungen flink über den See. Das Wasser schimmert in einem geheimnisvollen, tiefdunklen Blau. Auf der Seeoberfläche glänzen die grünen Teichblätter wie Smaragde im Licht der Sonne. Wir spüren einen unbeschreiblichen Zauber. Der See besitzt eine magische Schönheit und Kraft. Wir können und wollen uns nicht mehr losreißen von diesem Ort.

Eine Sage vom Huzenbacher See weiß Schreckliches zu berichten und passt so gar nicht zu dieser friedvollen Stimmung.

„Im Huzenbacher See wohnte ehemals ein böses Weib, die war besonders den Buben gefährlich. Wenn einer in die Nähe kam, so packte sie ihn auf und trug ihn zum See, wo sie ihn lebendig fraß."

Angeblich wurde der Fluch durch eine noch gruseligere Geschichte mit einer bösen Nixe beendet. Die Frau eines Köhlers suchte im Wald nach Heidelbeeren und ließ ihr Kind zu Hause in der Wiege zurück. Als sie nach Hause zurückkehrte, hörte sie von Weitem ein entsetzliches

Geschrei. Statt ihres Kindes lag ein „gräulicher Wechselbalg" in der Wiege. Er hatte „einen Kopf wie ein Sester, Augen wie ein Kalb, war aber sonst am ganzen Leibe mager und fahl, wälzte sich in seinem Kot und krächzte wie ein Rabe." Als der Köhler nach Hause kehrte, trug sie ihm auf, den Wechselbalg zu schlagen, während sie sich auf die Knie warf und betete. Plötzlich hörten sie vom See her ihr Kind weinen. Sie rannten zum See und legten den gräßlichen Wechselbalg an die Stelle des lieben Kindes. Da tauchte eine Nixe aus dem See auf, stürzte sich auf den Wechselbalg, zerriss ihn, fraß ihn auf und verschwand auf Nimmerwiedersehen. „Der See fing aber schrecklich an zu brausen und zu toben, und man glaubt, die Nixe sei von diesem Fraß zersprungen, und daher hätten die Kinder jetzt für immer vor ihr Ruhe." (*Schwarzwald Sagen*, hrsg. von Johannes Künzig, Düsseldorf, Eugen Diederichs Verlag 1930, S. 171).

Doch trieben nicht nur böse Nixen im See ihr Unwesen. Eine andere Geschichte berichtet von einem Mann aus Schönmünzach names Bernet. Als junger Mann schnitt er am Huzenbacher See Weiden. Plötzlich tauchte ein Tisch aus dem See auf. Halbrund soll er gewesen sein mit drei Füßen und stand ganz ruhig auf dem Wasser, als stünde er auf festem Boden.

▼ *Aufstieg durch die Karwand zum Huzenbacher Seeblick*

Dann wurde wie mit unsichtbarer Hand ein purpurfarbenes Tuch über den Tisch gedeckt. Als Bernet das nächste Mal hinsah, lagen dort drei silberne Löffel, zwei an der Seite, einer in der Mitte. Dem Burschen war das nicht mehr geheuer und er machte sich auf und davon. Wäre er geblieben, so mutmaßt die Sage, hätte er sein Glück machen und die See-Elfen erlösen können.

Wir schauen gebannt auf den See, doch wir sehen weder einen Tisch noch drei silberne Löffel. Schließlich sind es die heißen Sonnenstrahlen, die uns vom See vertreiben. Wir machen uns auf den Weg hinauf zum Huzenbacher Seeblick. Der Weg dorthin führt über einen steilen, steinigen Pfad durch die Karwand. Ein Schild warnt: „Betreten auf eigene Gefahr! Nur für geübte Wanderer! Kein befestigter Weg. Rutsch- und Sturzgefahr. Pfad mit festem Schuhwerk zu begehen!" Der wilde Wald nimmt uns auf und wir steigen bergan durch verwunschenen Dschungel aus dichtem Tannengrün. 1,4 Kilometer Abenteuer. Die Sonne versucht mit allen Kräften, das Blätterwerk zu durchdringen, um ihre Strahlen bis zum Waldboden zu werfen. Dort, wo es ihr gelingt, leuchten Farne zartgrün zwischen dem Schattendunkel hervor. Der Pfad ist mit dicken knorrigen Wurzeln überzogen. Wie Adern einer gealterten Haut ragen sie aus dem Erdreich empor. Zwischen den mit Moos überzogenen Felsen tröpfelt Wasser herab. Umgeworfene Bäume formen mit ihrem Wurzelwerk grotesk geformte Kunstwerke. Uns kommen sie vor wie Mahnmale, die uns daran erinnern, dass der Mensch den Urkräften des Planeten Erde nichts entgegenzusetzen hat.

Auf 912 Metern erreichen wir den Huzenbacher Seeblick. Tatsächlich schimmert dort unten der See wie ein dunkles Auge. Aus dieser Perspektive sieht man die wüste Schneise, die der Tornado hinterlassen hat. In nur wenigen Jahren wird die Natur mit einem neu gewachsenen Wald ihre Narben verdecken. Wir erfreuen uns am Ausblick und der einladenden, aus Holz gezimmerten Himmelsliege, auf der sich der Wanderer wunderbar ausruhen und neue Kräfte schöpfen kann. Statt über die Karwand abzusteigen, wählen wir den Wanderweg vom Huzenbacher Seeblick zurück zum Parkplatz am Eckköpfle.

◄ *Vom Huzenbacher Seeblick aus sind die Kräfte des Sturms eindrücklich zu sehen*

▲ *Gewitterstimmung im Schwarzwald bei Baiersbronn*

Informationen

Wander-Informationszentrum Baiersbronn am Bahnhof,
Freudenstädter Straße 40, 722270 Baiersbronn
Telefon 0 74 42 / 18 00 80
www.baiersbronn.de

Für die Wanderung empfiehlt sich der „Baiersbronner Wanderguide-Himmel" und die Baiersbronner Wanderkarte (erhältlich im Wander-Informationszentrum in Baiersbronn).

Der Pudelstein oder warum der Pudel nur in Mondnächten zu sehen ist

In vielen Sagengeschichten spielen geheimnisvolle schwarze Hunde, häufig ein schwarzer Pudel, eine Rolle. Oft wird dieser als Hüter eines Schatzes dargestellt.

Als ich auf der Baiersbronner Wanderkarte im hinteren Tonbachtal eine markante Felsgruppe entdecke, die den Namen „Pudelstein" trägt, ist meine Neugierde geweckt. Warum trägt der Ort den Namen Pudelstein? Ist dort ein Schatz vergraben? Schatz hin oder her, ich bin sicher, dass es sich um einen spannenden Ort mit besonderer Geschichte handelt. Also nichts wie hin zum Pudelstein, um des Pudels Kern zu erforschen. Der Ausdruck „Des Pudels Kern" stammt aus Goethes Drama *Faust*. Dem erscheint der Teufel nämlich als Pudel. Als Faust die wahre Identität des Teufels erkennt, kommentiert er das mit den Worten „Das also war des Pudels Kern!" Waren da etwa teuflische Kräfte am Werk beim Pudelstein?

Karl Wehrhan schreibt in seinem Buch *Die Sage*: „Den Hund kennt die heutige Sage vor allem als großes schwarzes Untier mit glühenden Augen, die Dorfstraßen und besonders die Kreuzwege unsicher und unheimlich machend. Schon die Griechen fürchteten den dreiköpfigen Zerberus, den Höllenhund. Auch die nordische Sage berichtet von Hunden; sie sind unter anderem Begleiter der Nornen (in der nordischen Mythologie weibliche Wesen, die von Göttern, Zwergen oder Elfen abstammen sollen – Anmerkung der Autorin).

Oft tritt er noch heute als Hüter unterirdischer Schätze und verzauberter Jungfrauen auf. Gespenstische Hunde sind meistens groß wie ein Kalb, springen auch dem Wanderer auf den Rücken und hetzen ihn fast zu Tode. An Kreuzwegen, vor einem Hufeisen, in der Nähe der Kirche verschwinden sie wieder." (Karl Wehrhan, *Handbücher zur Volkskunde*, Band 1, *Die Sage*, Leipzig, Verlag Wilhelm Heims, 1908, S. 100–101).

▲ *Wie gelangte der Felsbrocken auf die Waldlichtung?*

Für den Nachmittag sind Gewitter gemeldet und ich weiß aus eigener Erfahrung, wie heftig die sich im Schwarzwald entladen. Obwohl es sonnig ist und sich am Himmel keine Wolke abzeichnet, will ich auf Nummer sicher gehen und wähle den kürzesten Weg zum Pudelstein. Vom hinteren Ende des Tonbachtals beim Geißdörfle wandere ich zum Eichberg, vorbei am Forsthaus und zur Dr. Finkbeiner-Hütte. Die Hütte ist ziemlich stark beschädigt – Folgen eines schweren Unwetters. Ich wandere weiter entlang des lieblich dahinplätschernden Tonbachs bis zum Standort „An der Furt". Auf einer Holzbrücke gehe ich über den Tonbach zur Pudelsteinhütte, und dann kann ich ihn sehen, den sagenumwobenen Pudelstein.

Auf einer Waldlichtung liegt ein riesiger quadratischer Felsklotz, groß wie ein Haus und massiv wie ein Bunker. Darauf befindet sich eine rote Ruhebank. Wie eine Zwergenbank sieht sie aus, so winzig ist sie im Vergleich zu dem wuchtigen Steinbrocken. Warum muss man den geheimnisvollen Felsen regelrecht entweihen, indem man dort eine Bank aufstellt? Ich will den Felsen ohne die Bank fotografieren und suche mir einen anderen Blickwinkel. Bei genauerem Betrachten scheint der Pudelstein aus drei übereinander gelegten Steinplatten zu bestehen. Je näher ich komme, desto interessanter sind die Details, die sich mir offenbaren. Der Felsen ist in der Mitte auseinandergebrochen. Wie von einer gigantischen Hand gespalten. Die Felsbrocken sind in mehrere Teile zerschnitten. Als hätte ein Riese den Fels fein säuberlich mit einem Skalpell seziert.

Zwischen den beiden mächtigen Felsbrocken öffnet sich ein breiter Spalt. Ich trete hinein und klettere auf den Felsen. Seltsame Löcher auf den Gesteinsplatten lassen die Oberfläche wie eine pockennarbige Haut aussehen. Ob sie eine Bedeutung haben? Zwischen den großen Felsblöcken komme ich mir ganz klein vor. Ich gehe aus dem Spalt heraus und laufe um den Riesenfelsen herum. Von der anderen Seite her betrachtet sieht er aus wie ein mächtiger Schiffsbug. Welche Kräfte haben hier gewirkt, und wie ist der Felsen überhaupt an diesen Platz gekommen? Leider gibt es keine Informationstafel. Später erfahre ich von Otto Züfle, dem Leiter des Hauff-Museums in Baiersbronn, dass die Tafel erneuert wird. Der Pudelstein ist ein Überbleibsel der Eiszeit. Der riesige Buntsandsteinklotz brach vor 12 000 Jahren aus der Karwand des Steinmüssekars, dessen Firnmassen den Stein zwar nicht ins Rollen, aber auf der Gletscherzunge hinunter bis ins Tal brachten. Irgendwann blieb er eben dort liegen, am Ufer eines Karsees. Der See ist längst verlandet, an seiner Stelle liegt nun eine Wiese mitten im Wald. Vermutlich hat der Felsklotz gerade wegen seines markanten Erscheinungsbildes die Menschen in ihren Bann gezogen, doch warum man ihm den Namen Pudelstein gegeben hat, ist mir noch immer nicht klar.

Aber zum Glück wurde die Geschichte des Pudelsteins vom Heimat- und Kulturverein der Gesamtgemeinde Baiersbronn und vom Amt für Flurneuordnung und Landentwicklung Freudenstadt aufgearbeitet (Informationstafeln des Heimat- und Kulturvereins der Gesamtgemeinde Baiersbronn).

Über den Pudelstein existieren zwei örtliche Sagen. Die eine berichtet von einem versteckten Schatz, der von einem heulenden Pudel bewacht wird. Der Pudel soll aber nur in Mondnächten zu sehen sein.

Befand sich hier ein Kultplatz der Kelten? ▶

Die zweite Sage erzählt von einem bösen Holzfuhrmann, der, statt das Kar zu umfahren, seinen Knechten befahl, das Fuhrwerk direkt über den verlandeten See zu steuern, um Zeit und Kosten einzusparen. Es kam, wie es kommen musste: Mann und Rösser versanken samt der Ladung im Moor. Als warnendes Exempel soll in Gewitternächten um Punkt Mitternacht die Wagendeichsel aus dem Morast ragen und das Fluchen des Fuhrmanns von den Hängen herab zu hören sein.

Aufgrund der Symbolik von Pudel, Gewitter und Pferd gehen die Heimatforscher davon aus, dass der Pudelstein in früherer Zeit eine heidnische Opferstätte war. Bei den Alemannen galt das Pferd als heiliges Opfertier. Bei Opferfesten wurde der Kopf des Tieres den Göttern geweiht, während der Rest des Tierkörpers gemeinsam verzehrt wurde. Von den Nordgermanen ist bekannt, dass Teile des Opfertieres auf heiligen Bäumen und in heiligen Quellen und Mooren versenkt wurden. (Quelle: Agnes Ulrike Gudehus, *Die Entwicklung der Pferdeschlachtung und des Pferdefleischkonsums in Deutschland unter Berücksichtigung der gesetzlichen Änderungen*, München 2006, Kapitel 2.5 „Das Pferd als Opfertier").

So waren insbesondere gespaltene Riesensteine als Kultstätten bei den Kelten und Alemannen bekannt. Es könnte sein, dass die Alemannen an diesem Ort Pferde geopfert haben, was der Kirche natürlich nicht gefallen hat. Denn obwohl die Alemannen bereits christianisiert waren, gingen sie verbotenerweise noch immer ihrem heidnischen Kult nach.

Etwa 50 Meter vom Pudelstein entfernt befindet sich ein pyramidenförmiger Buntsandsteinfels. Ebenfalls östlich vom Pudelstein soll sich einmal ein weiterer Steinklotz mit kugeliger Form befunden haben, wie mir Otto Züfle berichtet. Leider wurde dieser Stein bei Wegbauarbeiten zertrümmert und ist nur noch in Bruchstücken vorhanden. Vielleicht war er ein Teil des pyramidenförmigen Felsen.

Der Pudelstein ist jedenfalls ein geheimnisvoller Ort und ich wäre gerne länger dort verweilt, doch die aufziehenden Wolken verkünden

Der Pudelstein gibt noch heute viele Rätsel auf ▶

nichts Gutes. Ich nehme noch einige Fotos auf und mache mich auf den Weg, um dem Gewitter zu entkommen.

Informationen

Wenn kein Gewitter droht, empfehle ich die Wanderung von Tonbach zum Pudelstein und weiter über die Satteleihütte zurück zum Ausgangspunkt.

Start/Ziel: Tourist-Information Tonbach

Dem Erlebnispfad „Wilder Wald im Wandel" folgen zu den Standorten „Bei den Tennisplätzen", „Liegewiese", „Am Brunnenweg", weiter zur „Dr. Finkbeiner-Hütte", „An der Furt", dort den Erlebnisweg verlassen und direkt zum Pudelstein gehen. Weiter zur „Kanzel", einer eindrucksvollen Sandsteininformation. Dem Weg folgen bis „Weitengrund", „Wiesenwegle", „Am krummen Loch" bis „Oberer Leimengrund". Dort den Erlebnispfad verlassen und Richtung „Jägerbuckel" wandern (schöne Aussicht). Am „Parkplatz Kohlweg" auf leicht ansteigendem Weg zur „Sattelei Hütte" auf 706 Metern.

Von der „Sattelei Hütte" über die Standorte „Raufelsen", „Rechen" und „Sommerseiteweg" (links an der Fahrstraße entlang Richtung „Häßlergasse") über „Rappenhof", „Rainbauerngasse", „Prinzenstube" zurück zum Ausgangspunkt.

Länge: 12 Kilometer
Aufstieg/Abstieg: 184 Meter
Dauer: circa 3 Stunden
Schwierigkeit: mittel

Einkehrtipp:

In der urigen Atmosphäre der Satteleihütte ein zünftiges Schwarzwälder Vesper genießen.
Öffnungszeiten: täglich von 11 bis 17 Uhr,
sonntags von 11 bis 21.30 Uhr.
www.bareiss.com/sattelei/wanderhuette-sattelei

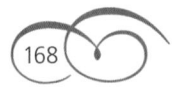

Wie der Fluch des Petermännle den Prior vertrieb

Auf stillen Holzmacherpfaden zum sagenhaften Priorstein

Nur wenige Minuten von Baiersbronn entfernt öffnet sich das Seitental des Tonbachs. Da liegt es in der Sonne, angekuschelt an die bewaldeten Hänge, in träger Genügsamkeit, als wüsste es um seine stille Schönheit, die sich, je weiter man ins Tal hinein fährt, offenbart.

Früher waren es die Flößer, Köhler und Waldarbeiter, die im Tal unter beschwerlichen Bedingungen lebten und arbeiteten. Heute ist das Tonbachtal vor allem wegen seiner Gastronomie bekannt. Am Ende des Tals thront die „Traube" wie eine Trutzburg inmitten der lieblichen Landschaft. Über der exklusiven Küche glänzen drei Michelin-Sterne. Vor dem Hotel „Traube Tonbach" reihen sich vornehmlich schwarze Nobelkarossen deutscher Autohersteller, und mit dem Parken wird es eng.

Wir erlauben uns einen Blick auf die Speisekarte der Schwarzwaldstube (Terrine von Entenleber, Wachtel und Kalbsbries in Jurançon-Gelee, Rosette vom bretonischen Hummer in Krustentier-Gelee, Essenz von Barbarie-Ente mit Spitzmorcheln), danach geht es direkt neben dem Gourmet-Tempel auf einem schmalen Pfad zu unserem ersten Ziel: der Blockhütte der „Traube". Eine Viertelstunde später ist sie erreicht. Eine urige Blockhütte, am Rande des Waldes gelegen, mit ausladendem Blick auf das Tonbachtal.

Dort servieren nobel gekleidete Kellner Laugenbrezeln mit Weißwürsten, luftgetrockneten Schwarzwälder Schinken, Kartoffelsuppe oder schwäbische Maultaschen und natürlich Schwarzwälder Kirschtorte. Silberbesteck, Porzellan und Stoffservietten wirken fast zu edel für das rustikale Ambiente der Blockhütte.

![Der Priorstein auf dem Wiedenberg]

▲ *Der Priorstein auf dem Wiedenberg*

Gestärkt geht es auf den Aufstieg. Über alte, schmale Pfade gelangen wir, an der Lönshütte vorbei, zum Waldstieg. Wir folgen der gelben Raute zum Höllkopf auf 855 Metern. Von dort wandern wir weiter zum Salbeofen auf 785 Metern. Der Salbeofen, ein Kohlenmeiler aus Stein, wurde früher zur Gewinnung von Karrensalben und Teerölen verwendet. In den Jahren 1753/1754 siedelte sich dort der Köhler Johannes Wein im hinteren Tonbachtal an. Er errichtete einen Kohlenmeiler mit fester Steinwand, in dem er aus minderwertigem Astholz versuchte, Holzkohle zu gewinnen. Die beim Erhitzungsprozess freigewordenen Nebenprodukte der Holzkohle wurden durch eine trichterförmige Bodenplatte aufgefangen. Das daraus gewonnene Harz wurde für die Herstellung von Leder, pharmazeutische Produkte, Lampenöl, Stiefelwichse, Dichtungsmittel und vieles mehr genutzt.

   Wir wandern weiter zur Feuerlehne und zum Priorstein. Das Landschaftsbild ändert sich abrupt. Statt im dichtem Wald finden wir uns auf dem Wiedenberg auf einer lichten Hochebene wieder. Als hätte der Schwarzwald beschlossen, auf diesem Fleck einen auf Skandinavien zu machen. Das ist der Hinterlassenschaft der früheren Siedler zu

verdanken. Der Wiedenberg wurde einst als Weideberg genutzt, auf dem Rinder, Schafe und Ziegen ihr Domizil hatten, Wald gab es hier damals schon seit langer Zeit keinen mehr.

Auf dem Hochplateau öffnet sich der Blick bis weit hinab ins Tal. Dort erreichen wir den Priorstein. Stein ist gut gesagt, es wimmelt hier nur so von Steinen. Auf dem Plateau liegen haufenweise verwitterte Buntsandsteinbrocken. Und welcher davon ist denn jetzt der Priorstein? Es soll einer mit einer kugelförmigen Aushöhlung sein, aber auch davon gibt es viele. Manche gleichen einer steinernen Badewanne.

Dann endlich entdecke ich den Priorstein. Auf ihm sind die Umrisse eines Gesichtes eingraviert. Er ist, wie kann es anders sein, der imposanteste Brocken. Hier soll er also gesessen haben, der Herr Prior. Der war ein ganz fieser Kerl, so jedenfalls berichtet es die Tafel neben dem Priorstein. Der Klostervorstand von Reichenbach hatte sich den Felsen sozusagen als Herrscherstuhl erkoren. Von dort hatte er einen guten Blick auf die Landschenkungen des Klosters. Kann ich mir gut vorstellen, den Herrn Prior, wie er hier gesessen hat. Der war sicher beleibt, um nicht zu sagen fett, wie man angesichts der Kuhle, die er im Fels hinterlassen hat, vermuten darf. Johann Hügelin hieß er. 1581 wurde er Klostervorstand. Er galt als ehrgeizig, überheblich und ränkevoll. (Quelle: Beschreibung des Oberamtes Freudenstadt (1858), Kapitel B 29).

Die Geschichte berichtet, dass das Kloster die Sagengestalt des „Petermännle" zum Waldhüter bestimmte, um das Jagdverbot in den Besitztümern des Klosters überwachen zu lassen. Dass es sich das Petermännle während seiner Jagdaufsicht auf dem Felsen des Priors gemütlich machte, war dem Klosterchef ein Dorn im Auge, und kurzerhand entließ er den Waldhüter. Der wiederum zog sich schmollend auf einen Gegenhang mit ähnlichen Felsen zurück. Von diesem Konkurrenzfelsen aus schrie er dem Prior seine Flüche zu. Das Fluchen des Petermännle wurde erhört, denn 1595 wurde das Kloster „mit etlich 100 Mann zu Ross und zu Fuß, auch einigem Geschütz" eingenommen und der hochmütige Prior musste Hals über Kopf fliehen.

Ja, schön hat er es gehabt, vor seiner Flucht, der Herr Prior. Weit schweift der Blick über Wälder und Täler. Die exponierte Lage lädt zum Rasten und Verweilen geradezu ein. Aber der Priorstein ist mir zu ungemütlich. Ich ziehe es vor, meine Beine auf der hölzernen Himmelsliege auszustrecken. Es ist ein stiller Ort, an dem man wahrlich neue Kräfte schöpfen kann. Und das Petermännle habe ich nicht fluchen hören.

Rund 200 Meter vom Priorstein entfernt weist ein Hinweisschild auf einen historischen Grenzstein aus dem Jahr 1557 hin. Der Grenzstein selbst liegt etwa 50 Meter ab vom Wanderweg und markiert die ehemalige Grenze zwischen den Gemarkungen Klosterreichenbach und Baiersbronn. Vom Grenzstein steigen wir ab Richtung Wiedenberg und folgen der gelben Raute bis zur Überrainhütte am Bruckenberg. Herrliche Aussichten auf Klosterreichenbach und Heselbach krönen den Abstieg. Von dort geht es auf der blauen Raute weiter bis zum Aussichtspunkt „Über den Höfen". Direkt darunter befindet sich der Seidtenhof. Wer Lust auf ein Vesper hat, sollte den Weg zum 900 Jahre alten Bauernhof nicht scheuen. Der lauschige Biergarten und die urige Vesperstube verwöhnen das Wanderherz mit wunderbaren Köstlichkeiten frisch vom Hof.

Mein Tipp: Unbedingt das leckere Waldtannenhonig-Eis mit frischen Erdbeeren probieren. Seit Jahren haben sich die Hofeigentümer Cornelia und Mario Zimmermann mit ihren selbst produzierten Eissorten einen Namen gemacht. Wer sich das entgehen lässt ist selber schuld!

Erfrischt und gestärkt geht es dann zurück zum Aussichtspunkt „Über den Höfen" weiter bis zum Unterer Wiedenberg zur Sonnenhalde und zurück zum Ausgangspunkt beim Haus des Gastes.

Start/Ziel: Haus des Gastes, Tonbach
Länge: 12,5 Kilometer
Aufstieg/Abstieg: circa 300 Meter
Schwierigkeit: mittel

Ein stiller Ort mit Weitblick ▶

▲ *Hier soll er einst gesessen haben, der hochmütige Prior*

Einkehrmöglichkeiten:

Blockhütte Traube, Dienstag bis Samstag von 12 bis 18 Uhr,
Sonntag und Feiertag von 11 bis 18 Uhr, Montag Ruhetag,
Telefon 07442/492
www.traube-tonbach.de/de/blockhuette

Seidtenhof, Reichenbacher Höfe, Öffnungszeiten November bis März:
Montag, Dienstag, Donnerstag bis Sonntag von 12 bis 19 Uhr;
April bis Oktober: Montag, Dienstag, Donnerstag bis Freitag
von 12 bis 20 Uhr, Ruhetag Mittwoch (außer an Feiertagen).
Telefon 07442/120895
www.seidtenhof.de

Übernachtungstipp:

Black Forest Lodge, Unterkunft für Naturliebhaber und Sportler
Inhaberin Sarah Braun bietet liebevoll gestaltete Zimmer in einem
idyllisch und ruhig gelegenen Schwarzwalddorf nahe Freudenstadt.
Hauptstraße 6, 72250 Freudenstadt-Igelsberg,
Telefon 07442/9099008
www.black-forest-lodge.eu

Kuschelbad beim Almbader

*Im Holzzuber unter freiem Himmel baden
wie anno dazumal*

Hinter dem Dörfchen Ibach führt ein enges Sträßchen bergwärts. Links und rechts nur Wald, ab und zu eine Abzweigung zu einem Hof. Endlich lichtet sich der Wald, wir sehen ein Bauernhaus. Das muss sie sein, die Almhütte des Schwarzwald-Baders Reinhard Bosch. Dort, am Ende des stillen Ibachtals, bietet er seinen Gästen urige Badeerlebnisse unter freiem Himmel und erholsame Wochenenden auf der Almhütte.

Die Luft riecht wunderbar nach Holz und Tannen. Wir saugen sie in uns auf wie ein kostbares Lebenselixier. Es ist so still, als ob die dichten Tannen jeden Laut verschluckt hätten. Natur pur. Ein Entschleunigungsort, wo man die Zeit zurückdrehen kann, wo die Uhren langsamer ticken. Mit dem Kauf des 300 Jahre alten Schwarzwaldhofes hat sich Reinhard Bosch einen Traum erfüllt. Der gemüt-

▲ *Reinhard Bosch, der urgemütliche Schwarzwald-Almbader vor seiner Hütte*

liche Schwarzwälder ist die Entschleunigung in Person. Liebevoll hat der gelernte Masseur das Anwesen umgebaut und ausgestattet. Das Paula-Zimmer, benannt nach der einstigen Bäuerin, das Mondschein-Zimmer, weil dort um Mitternacht der Vollmond strahlt, dazu die Maidli-Zimmer und das Geißen-Bad. Eine Mischung aus Charme und Gemütlichkeit, Kuriosem und Schwarzwald-Romantik. Alte Fotografien zieren die Holzwände, neben einer Kommode hängt eine Schwarz-wälder Tracht, in der Ecke stehen alte Holzskier, sogar Bettpfannen gibt es. Allerdings nur zur Dekoration – auf der Hütte gibt es moderne Toiletten.

Hüttenwirtin Mellie reicht Badetücher und die sogenannte Bruch, die traditionelle Badebekleidung des Mittelalters mit Leinenhosen und Hauben sowie Brustwickel für die Damen. Der Zuber ist angerichtet. Die Essenz aus Fichtennadeln leuchtet hellgrün. Bevor ich in den mit wohlriechenden Essenzen gefüllten Bottich steige, lässt mich Rein-hard Bosch über die Wiese gehen. Barfuß. „Spür' mal das nasse Gras zwischen deinen Füßen." Ich wate über die Wiese. „Das ist unser Well-nesstempel", sagt der Bader und macht eine weit ausholende Geste. „Wald, Wiese, Wasser, das Lichtspiel der Sonne. Das holt dich runter." Das warme Zuberwasser duftet würzig. Wir steigen in den Bottich und tauchen in die wohlige Wärme des Schaumbades. Die Wärme tut gut, prickelt auf der Haut. „Im Wasser liegt eine unheimliche Kraft", sagt der Bader. Das schäumende Badewasser, der tannenartige Duft und die Wolken über uns wirken besänftigend und machen gute Laune. Wie kleine Kinder planschen wir im Zuber. „Man muss sich nur an einen See oder Bergbach setzen und dem Plätschern zuhören. Diese Stille bringt Schwingungen in den Körper, die dich besänftigen."

Der Bader reicht eine Schale mit Salzen, die wir mit massierenden Bewegungen auf die Haut reiben. Es macht die Haut geschmeidig und bereitet die Poren für die nächste Prozedur vor. Unsere warmen Körper dampfen. Wie gut, dass wir nun eine Dusche aus Flusskiesel erhal-ten. Die milchig-weiße Flüssigkeit soll die Durchblutung anregen. Ent-spannt tauchen wir in die behagliche Wärme des Bottichs zurück.

Nicht nur der Körper, auch der Gaumen wird verwöhnt. Eine leckere Suppe wird uns direkt am Zuber serviert, dazu gibt es ofenfrisches Brot.

Ein Dessert darf natürlich nicht fehlen: Wir erhalten es aus den Händen des Schwarzwald-Baders in Form einer Nacken- und Schulter-massage.

Uriges Erlebnis für alle Sinne ▶

Zum Abschluss reiben wir uns mit Kreide ein. Damit sollen Körpergifte ausgeleitet werden. Nach wenigen Minuten ist Abspülen angesagt. Gesättigt, entspannt und gereinigt entsteigen wir dem Kuschelbad. Wie schön, dass der Abend auf der romantischen Almhütte erst begonnen hat.

Es dämmert. Die Tannen verschmelzen mit dem nachtdunklen Blau des Himmels. Kerzen werden entfacht, aus der Hütte leuchtet behagliches Licht. Diese klare Luft, diese Stille, der funkelnde Sternenhimmel über uns. Der Alltag ist weit weg. Ein, zwei Gänge herunterfahren. Zeit haben für Genuss, Zweisamkeit und Romantik.

Informationen

Die Almhütte befindet sich in einem Seitental hinter Ibach im Ortenaukreis.
Anreise: von Stuttgart über die A 81 bis Ausfahrt Rottenburg, B 28 A Richtung Nagold, B 14 bis Rottweil/Horb/Freudenstadt, L 355B Richtung Freudenstadt, B 28 durch Freudenstadt, B 500 Richtung Baden-Baden/Ruhestein, L 92 durch Oppenau weiter nach Ibach.

◀ *Baden wie anno dazumal*

Baden auf der Alm:

Zuberbaden wie früher, Badeevents, Kochen auf der Alm
und Übernachten bis maximal 16 Leute buchbar von Freitag
auf Samstag und von Samstag auf Sonntag.
Highlight im Winter: romantisches Nikolausbad abends in der
Dämmerung bei Kerzenschein, buchbar von Dezember bis Februar,
inklusive Suppe und Glühwein.
Übernachtung auf Wunsch zusätzlich buchbar.
www.bader-almhuette.de
Telefon 0170-9934509

Ein Tischlein steht im Walde

Mit Wanderkoch Friedrich Klumpp auf Schlemmertour durch den Baiersbronner Wald

Friedrich Klumpp hat Lampenfieber. Denn heute meint es der Himmel nicht gut. Graue Wolken hängen wie Grabsteine vom Himmel. „Für die erste Schlemmerwanderung der Saison hatte ich mir einen schöneren Start gewünscht", sagt der Gastwirt und Koch. Die 20 Gäste sind jedoch mit bunten Goretex-Jacken, Regenschirmen und Wanderschuhen bestens gerüstet und wild entschlossen, dem Wetter zu trotzen.

Friedrich Klumpp ist in den Wäldern von Baiersbronn genauso heimisch wie am Herd seiner Küche im Gasthof Rosengarten. Hier ist er aufgewachsen, hier streifte er schon als junger Bursche gemeinsam mit seinem Vater durch den Wald. Der Koch und sein Wald. Bis heute ist seine Leidenschaft für den Wald ungebrochen. Hotelier Klumpp bietet seinen Gästen deshalb mehr als gutes Essen. Er schnürt sogar mit ihnen die Wanderschuhe. Vor einer Woche noch war er ganze fünf Tage auf der 110 Kilometer langen „Murgleiter" unterwegs. Heute soll es gemütlicher werden: Nur sieben Kilometer sind eingeplant. Das soll vier Stunden dauern. Schnuppern, Schlemmen, Staunen inklusive. Eins stellt Klumpp von Anfang an klar: „Wir machen keinen Kochkurs im Wald." Jeder Gang wird Stück für Stück erwandert, das Essen aber fährt auf Rädern vor, und das Tischlein steht gedeckt im Walde, wenn die hungrige Wanderschar eintrifft.

Kaum sind die ersten Meter zurückgelegt, zupft Friedrich Klumpp bereits erstes Grünzeug vom Wegesrand. Und nach zehn Minuten ist klar, weshalb sich das Ganze „Schlemmerwanderung" nennt. Auf dem Parkplatz Höferköpfle angekommen, öffnet sich ein Panoramablick auf Baiersbronn, der einer Postkarte entstammen könnte – wäre denn das Wetter besser. Das Essen wartet bereits mit dem ersten Tischleindeckdich vor Ort. Ein Apéro, Sekt mit Holunderblütensaft, wird von Mitarbeiterin Kathrin gereicht. Dazu gibt es das Lieblingskraut des Wanderkochs: frische Brunnenkresse, mit Quark zubereitet, aufs Baguette gestrichen.

Nächste Kostprobe, die grüne Rauke vom Ortsrand: „Erst reiben, dann riechen." Manch einer rümpft die Nase. Ein strenger Geruch. Wen wundert's, das Kraut ist eine Knoblauchrauke. Während Kathrin eifrig Brunnenkressebrötchen serviert und Sekt nachschenkt, gehört die Aufmerksamkeit des Chefs bereits dem Wiesenboden nebenan. „Roter Wiesenklee, Sauerampfer, Frauenmantel, Spitzwegerich, Wiesenschaumkraut", erläutert Klumpp seine Ausbeute. Auch Löwenzahn ist dabei. Dass

▲ *Experte in Sachen Wald, Kräuter und Küche: Friedrich Klumpp*

einheimische Kräuter fürs Kochen wieder an Bedeutung gewinnen, freut Klumpp, denn es passt zu ihm, dem bodenständigen Schwaben.

Es geht weiter. Ein schmaler Pfad führt in den Wald hinein. „In der Küche", berichtet er, „geht es oft so stressig zu." Im Wald findet er seine Mitte. „Das ist Seelenbalsam." Und wieder hat er etwas Grünes in der Hand. „Adlerfarn", erklärt Klumpp und hält ihn in die Runde, sodass jeder von den zartgrünen Knospen probieren kann. Aber nur von den ganz jungen, deren Spitzen noch eingerollt sind. „Nussig, wie Buttermandel", „bitter, wie Walnüsse", „mich erinnert das an Marzipan, wenn man es länger kaut", lauten die Meinungen.

Der Weg führt bergan. Bald blitzt zwischen Tannengrün und Bergbach etwas auf: Das Tischlein mit der weißen Decke. Klumpp schreitet zur Tat, schneidet Wildkräuter, mischt sie mit Blattsalaten in einer Schüssel und gibt ein feines Himbeerdressing dazu. Es duftet nach den Zutaten aus der Natur: Schafgarbe, schmalblättriges Weidenröschen, roter Wiesenklee, Bärwurz, Taubnessel, Giersch, Sauerampfer und Wiesenknopf. „Wir haben da mal was vorbereitet", sagt Klumpp mit

▲ *Kräuter sind seine Leidenschaft*

einem Lausbuben-Lachen und richtet Semmelknödel in Rahmpilzsoße auf kleinen Tellern an. Inmitten des würzigen Dufts der Tannenwälder und des moosig-nassen Waldbodens schmeckt es vorzüglich.

Klumpp berichtet von den Kelten, seinen Vorfahren, wie er nicht ganz ohne Stolz vermerkt. Und er erzählt vom schwarzen, finsteren Wald, der den Menschen vergangener Epochen so viel Furcht eingejagt haben soll. Weil sie dort Hexen, Trolle und Teufel vermuteten. Von Bären und Wölfen ganz zu schweigen. Eben noch ganz Koch, wird er zum Waldökologen, wenn er die Speicherfähigkeit des Mooses demonstriert oder eine Rasenbinse knickt und zeigt, wie sie sich ohne Schaden wieder selbst aufrichtet. Oder wenn er erklärt, weshalb Rehe nur Weißtannen fressen, aber keine Fichten – „zu pieksig".

Kaum ist die dritte Schlemmerstation an der Höferköpflehütte auf knapp 700 Metern erreicht, öffnet der Himmel seine Pforten. Zum Glück hat der Gastwirt tags zuvor in weiser Voraussicht einen Pavillon aufgestellt. Der dritte Gang wird serviert: Fleischbällchen mit Vogelbeeren. Vogelbeeren? Einen Augenblick herrscht Irritation in der Gruppe: „Die darf man doch nicht essen, das lernt man doch schon als Kind." Aber die Beeren der Eberesche sind durchaus essbar und sehr schmackhaft. Frisch vom Baum gepflückt sind sie sauer und bitter und können durch ihren hohen Gehalt an Parasorbinsäure heftige Magenverstimmungen verursachen. Das Geheimnis: Abgekocht und eingefroren werden die giftigen Stoffe abgebaut, und nach vier bis sechs Wochen kann man das Mark als Paste verarbeiten. Die Fleischbällchen mit Ebereschenmark werden mit einer Soße aus Feldthymian verfeinert. Die Gäste kauen zufrieden, Friedrich Klumpp ist glücklich.

Am Löchlebrunnen wartet ein deftiges Vesper aus Hirschschinken, Walnussbroten und Preiselbeerbutter. Verziert mit einem Klacks Mädesüß-Schlagsahne. In der französischen Küche weiß man das Mädesüß zu schätzen, in der deutschen wird diese Pflanze bisher kaum verwendet. Bevor es weitergeht, reicht Mitarbeiterin Kathrin uns Kirschwasser – wie es sich im Schwarzwald eben gehört.

Nach den Spirituosen geht Friedrich Klumpp zum Spirituellen über und hält eine kleine meditative Lesung. Schließlich halten nicht nur Essen und Trinken Leib und Seele zusammen. Klumpp ist kein Prediger, kein Mann der lauten Worte. Seine leise und zurückhaltende Art, die Mischung aus Waldökologie, Naturwissen und Küche machen die Exkursion so sympathisch.

Der Pfad wird enger, steiler, steiniger. Bevor die Gruppe den Wald verlässt, tischt unser Koch einen Kuchen auf. Gemacht aus den Beeren der Pflanze, der wir – unbemerkt – am häufigsten begegnet sind. Die Beeren stammen noch aus dem vorigen Jahr, denn noch ist keine Heidelbeeren-Zeit, und so mussten die Beeren aus der Tiefkühltruhe genügen, doch der Kuchen ist so lecker, als wären es frisch gepflückte Beeren, die im Kuchen stecken.

Der Wald lichtet sich und gibt den Blick preis auf die Wiesenlandschaft, die Baiersbronn umsäumt. Noch ein Dessert zum Abschluss. Wie war das noch? Rehe fressen keine Fichten, weil die so stachelig sind? Für die Schlemmerwanderer hat Friedrich Klumpp ein Fichtennadelparfait zubereitet. Die jungen Triebe darauf pieksen überhaupt nicht, sondern sind

Frischer geht's nicht ▶

wunderbar weich. Ein wohliges Gefühl stellt sich ein. Daran kann auch das trübe Wetter nichts ändern.

Friedrich Klumpp kann nicht nur vorzüglich kochen. Auf seinem Wanderkoch-Blog (www.rosengarten-baiersbronn.de) schreibt er über die Natur, das Wandern und erzählt Anekdoten aus seinem Wanderkoch-Leben.

Infos und Termine zur Schlemmerwanderung

Teilnahmebeitrag: 38 Euro/Person, Termine und Buchung
über Wander-Informationszentrum Baiersbronn,
Telefon 0 74 42 / 1 80 08-0 oder per
E-Mail: wandern@baiersbronn.de

Weitere Wanderangebote mit kulinarischen Genüssen unter
www.baiersbronn.de – Kulinarischer Wanderhimmel.

◀ *Draußen schmeckt's am besten*

Der Köhler und sein Meiler

Entschleunigung durch Achtsamkeit

Mit einer Schaufel glühender Kohle in der linken und einem Glas Schnaps in der rechten Hand steigt Köhler Thomas Faißt auf die Leiter. Er steht auf einem riesigen Maulwurfshügel inmitten einer Waldlichtung. Akribisch hat er ihn in wochenlanger Arbeit aufgebaut. 17 Ster Holz, stehend in Meterscheiten, dicht an dicht gesetzt. Fünf Meter Durchmesser am Boden, eineinhalb oben am Schlund. Zweieinhalb Meter ragt der schwarze Kegel in die Höhe. Mit einem Zug leert der Köhler den Schnaps, dann wirft er die glühenden Kohlen in den Schlund. Sofort steigt Rauch auf, so als wolle der Meiler ein Zeichen setzen: „Du hast mich geweckt, jetzt schau zu, wie du mit mir klar kommst!" Feuer, Holz, Luft und Kohle. Die Elemente sind entfesselt. Jetzt gibt es kein Zurück. Acht Tage und Nächte. Solange der Meiler schwelt, bestimmt er den Lebensrhythmus des Köhlers.

Da steht er, der Köhler. Hemdsärmelig und mit Hut, die eine Hand in der Hosentasche, in der anderen den meterlangen Köhlerstab. Thomas Faißt grinst über alle Backen.

Alles ist gut, hinter ihm dampft der Meiler. Gemächlich stößt er weißen Rauch in den Himmel. Er erzählt seinen Besuchern, wie das „Produkt seines Begehrens" entsteht. Wie die Destillationsprozesse durch die Hitze im luftdichten Meiler dem Holz alles entziehen, bis am Ende der Kohlenstoff zurückbleibt. Thomas Faißt hat einen Interessenkonflikt entfacht. „Zwischen ihm und mir", sagt er seinen Gästen, die auf das Gelände der alten Pflanzschule oberhalb von Baiersbronn gekommen sind, um das Entfachen des Meilers gemeinsam mit ihm zu zelebrieren. „Das Feuer will Asche machen. Das muss ich verhindern."

Damit am Ende der Köhler zu seiner Kohle kommt, braucht es ein ständiges Beobachten. Der Köhler muss wach sein, jederzeit bereit, Entscheidungen zu treffen, die dem Gang im Innern des Meilers die richtige Wendung geben.

▲ *Thomas Faißt folgte dem inneren Ruf zur Köhlerei*

Seit er vor 15 Jahren erstmals den Impuls verspürte, einen Kohlenmeiler zu bauen, hat die Köhlerei den studierten Forstwirt nicht mehr
losgelassen. Warum das so ist, das weiß er selber erst seit kurzer Zeit,
verrät er. War es eine Vision, die ihn mitten im Wald ereilt hat? Es hört
sich so an, als habe ihn der Kohlenmeiler zur Köhlerei gerufen. Als
wäre er vor langer Zeit dazu vorherbestimmt gewesen, in den Wald
zu ziehen, um dort zu köhlern. Dann schaut er zum Meiler und auf
den Rauch, der vor dem dichten Tannenwald aufsteigt. Plötzlich lodern
Flammen aus dem Kegel. Faißt steigt mit einigen Holzscheiten in der
Hand auf die Spitze des Kegels und legt weiteres Holz in die Flammen. Das Feuer flackert in die Höhe und es sieht aus, als tanze der
Köhler auf einem spuckenden Vulkan. Ist der Meiler außer Kontrolle
geraten? Das Holz soll doch nicht verbrennen! Mit stoischer Ruhe und
Konzentration packt er eine Schaufel und bändigt die Flammen. Dann
füllt er einen Eimer mit Lösche, einem Gemisch aus Kohlepartikeln,
Asche und sandhaltiger Erde und kippt es zusammen mit Gras auf den
Deckel. Jetzt qualmt und raucht es mächtig. Mit bloßen Händen dich-
tet Faißt den Meiler ab. Jetzt wuchtet er den Köhlerstab nach oben
und sticht ein Loch mitten in die Decke des schwarzen Kegels. Doch
statt wütender Flammen schwebt samtig-weißer Rauch wie ein zarter

Nebel in den dunkler werdenden Himmel. Der Mond leuchtet mystisch durch das Tannengeäst, erste Sterne zeichnen sich am Firmament ab.

Rund um den Meiler wird erzählt, gesungen, gelacht und gegessen. Denn von Anfang an wollte Thomas Faißt um seinen Meiler Menschen zusammenbringen. Daraus entstand „Kultur am Meiler", ein Programm mit Musikaufführungen und Lesungen, das während des Meilerabbrandes stattfindet.

Für den Köhler wird es eine kurze Nacht. Die ersten Nächte sind immer die heikelsten. Faißt muss sich auf den Meiler einstellen. Denn er ist es, der das Tempo vorgibt. „Meistens verfallen wir einem Aktionismus, hier ist das kontraproduktiv." Beobachten und Pflegen ist angesagt. Und das alle zwei Stunden. Wird der Rauch grau-bläulich, muss der Köhler eingreifen. Und zwar schleunigst. Denn dann brennt im Meiler die Kohle weg.

Um 2 Uhr nachts funkelt der Sternenhimmel über der Lichtung wie Diamanten auf schwarzem Samt. Ausgerüstet mit Stirnlampe und Köhlerstab klettert Thomas Faißt auf den Meiler. Stets an seiner Seite seine Frau Nella, die ihn in dieser Zeit unterstützt. Alleine am Meiler wäre zu gefährlich. Der Köhler öffnet den Deckel, füllt Hohlräume aus, schiebt die Glut von oben nach unten und von innen nach außen. Zum Abschluss öffnet er eine Köhlerpfeife, damit der Meiler abdampfen kann. Alle zwei Stunden wiederholt sich der Prozess. Beobachten und Pflegen. „Eine Aufgabe, die sehr herausfordert", sagt der Köhler.

Am nächsten Morgen. Die Sonne steht hoch über den Tannen. „Heute Morgen Punkt vier hat ein Gartenrotschwanz sein Lied angestimmt und um sechs Uhr haben die ersten Sonnenstrahlen den Wald durchflutet. Das entlohnt für manche Mühe", freut sich Thomas Faißt. Vom Meiler steigt brav weißer Dampf in den blauen Himmel. Der Köhler steigt auf den Meiler, steht mitten im Dampf, seine Umrisse werfen bizarre Schatten im gleißenden Licht der Sonne. Dann greift er zum Köhlerstock und stößt ihn kraftvoll in den Schlund. Es wird ein langer, heißer Tag für den Köhler.

◄ *Meiler und Köhler unter Dampf*

Thomas Faißt lebt unmittelbar mit den Elementen. Nicht nur dann, wenn er seinen Meiler pflegt. „Unter den Bäumen sitzen und nichts tun zu müssen, das nenne ich eine segensreiche Langeweile", erzählt der Köhler. In unserer schnelllebigen Zeit nehmen wir solche Ruheräume kaum noch wahr. Wir müssen es regelrecht neu lernen, zur Ruhe zu kommen. Für Thomas Faißt sind das die Momente, in denen „Vergangenheit und Zukunft von mir abfallen und ich mich spürbar nur im Jetzt wahrnehme." Die Dinge anzunehmen, wie sie sind, ohne etwas hinzutun zu wollen. Er zeigt auf die Bäume. „Die haben sich Jahrhunderte nicht von der Stelle bewegt, sie sind einfach da."

Dieses In-sich-gehen braucht Mut und Bereitschaft, Dinge loszulassen. Oft geschieht das durch schmerzvolle Erlebnisse. „Genau wie beim Feuer: Es ist zerstörerisch, aber es hat auch die Eigenschaft, Boden für Neues zu schaffen", sagt Faißt. Der erste Schritt zur Entschleunigung geschieht durch das achtsame Erleben des Augenblicks.

Wer dazu bereit ist, kann sich dem Köhler anschließen und eine Reise zur inneren Entschleunigung beginnen. Thomas Faißt führt seine Gruppe tief in die Baiersbronner Wälder zu Orten, die Stille und Ruhe versprechen. Auf seine ganz eigene Weise macht er die Natur als Ruheraum erlebbar, und beim Übernachten unter freiem Himmel entstehen neue Gedanken und Wege.

Informationen

Infos zum Programm „Kultur am Meiler" und „Entschleunigung durch Achtsamkeit" unter www.wald-kohle-kultur.de oder bei der Baiersbronn Touristik unter www.baiersbronn.de.

Blaue Irrlichter und sagenhafte Felsen

Die Heidenkirche bei Oberharmersbach

Sanft wiegen Tannenwipfel im Wind. Hier und da flirrt Sonnenlicht durch die dunklen Zweige und erhellt den Waldboden. Der Wald ist still, als würden alle Geräusche auf wundersame Weise verschluckt. Will er uns etwa mahnen, weil wir ihn bald erreichen, jenen sagenumwobenen Ort auf dem Löcherbergwasen?

Westlich von der Passhöhe Löcherbergwasen, auf 740 Metern gelegen, erheben sich mitten im Wald mächtige Gesteinsblöcke, als hätte sich die Natur eine Kathedrale aus zerklüftetem Fels geschaffen. Welche Urkräfte mögen hier einst im Spiel gewesen sein? Besonders

▼ *Kultstätte und geheimnisvolle Schätze – um die Heidenkirche ranken sich zahlreiche Geschichten*

auffällig ist ein flacher, etwa sechs auf acht Meter großer und einein-halb Meter hoher Felsblock, der als „Hexentisch" oder „Hexentanz-platz" bezeichnet wird. Andere Blöcke erheben sich wie der mächtige Bug eines Schiffes, der zwischen den Tannen hervorbricht, als rolle eine gewaltige Welle heran. Ich folge einem schmalen Pfad am Fuße des massiven Felsblocks und stehe plötzlich mittendrin im Felslabyrinth der Heidenkirche. Vor mir sehe ich einen pyramidenförmigen Stein. Das Spiel aus Licht und Schatten formt die Oberfläche zu einem Gesicht. Sehe ich da tatsächlich zwei Augen? Wie kann es sein, dass sich an diesem Ort ein solch perfekt geformter Stein befindet? Hat er eine Bedeutung? Sind es von der Natur erschaffene Buntsandsteinblöcke oder ist es ein Kultplatz, von Menschenhand erschaffen?

Dieser archaische Ort strahlt etwas Geheimnisvolles, Mystisches aus, das ist nicht von der Hand zu weisen. Wurden hier tatsächlich kul-tische Opfer dargebracht? Was hat die Bewohner des Tales veranlasst, diesen Ort als Heidenkirche zu bezeichnen? In J. J. Hoffmanns Buch *Trachten, Sitten, Bräuche und Sagen in der Ortenau und im Kinzigtal* von 1899 ist über die Heidenkirche Folgendes vermerkt: „Gewaltige Felsmassen (Findlinge) liegen auf diesem Platze umher. Auf einem die-ser Blöcke sieht man Kopf und Leib eines Menschen eingehauen. Hier auf dieser Stelle, inmitten dichter dunkler Haine brachten die heidni-schen Voreltern den germanischen Göttern Opfer dar. Unter einem der größten Felsen befindet sich eine Höhle. Darin und unter den riesigen Blöcken hielten zu Kriegszeiten die Talbewohner ihre Schätze verbor-gen." (S. 105).

Meine Neugierde ist geweckt. Wo mag sich diese Höhle wohl befin-den? Ich klettere über Felsplatten und dringe tiefer in das Felsenmeer ein. Vor mir reckt sich ein mächtiger Quader in die Höhe. Obenauf ragt eine Felsnase in den Wald, vermeintlich gestützt von einem alten knor-rigen Baumstamm. Ein bizarres Bild. Dann gelange ich zu einer Nische, in der zwei Felswände zusammenlaufen. Zwischen ihnen verbleibt ein schmaler Spalt. Könnte sich hier die Höhle befinden?

Ich richte mein Stativ und montiere die Kamera, um die Felsnische zu fotografieren. Aber was ist das? Im Display meiner Kamera sehe

Welches Geheimnis umgibt diese Steine? ▶

Wer diesen Ort betritt, kann sich der mystischen Atmosphäre nicht entziehen ▶

ich ein blaues Licht! Mit bloßem Auge ist es nicht zu erkennen. Auch an anderen Stellen in der Heidenkirche nicht. Nur hier, in dieser Felsnische, zeichnet sich oben in der Felsdecke ein nebliger blauer Lichtschimmer ab. Ich erinnere mich an eine Sage von der Sausenburg, in der blaue Irrlichter den Weg zu sagenhaften Schätzen weisen. Sicher gibt es eine physikalische Erklärung für das blaue Licht, das sich in Form von digitalen Pixeln auf dem Sensor meiner Kamera abzeichnet. Aber wer weiß, vielleicht ist es doch ein Irrlicht, das mir den Weg zum Schatz zeigt?

◀ *Ein blaues Irrlicht, eingefangen vom Sensor der Kamera. Ist hier der geheimnisvolle Schatz versteckt?*

Informationen

Anreise: Über die A5 Ausfahrt Offenburg, weiter über die B33 bis Abfahrt Biberach (Baden) über Zell am Harmersbach nach Oberharmersbach.
Am schnellsten gelangt man vom Wanderparkplatz der Passhöhe Löcherbergwasen von der L 94 zwischen Löcherberg im Renchtal und Zell am Harmersbach zur Heidenkirche.
Vom Parkplatz aus dem Schwarzwald-Querweg folgen.
www.oberharmersbach.de

Einkehrtipp:

Im historischen Gutshof Vogt auf Mühlstein,
Mühlstein 1, 77787 Nordrach,
Telefon 07838/9559410
www.vogt-aufmuehlstein.de
Öffnungszeiten: Mittwoch bis Sonntag ab 11 Uhr.

Ein wütender Teufel und wundersame Kapellen

Der stille Kraftort auf dem Abtsberg bei Gengenbach

Die Flößerstadt Gengenbach im Kinzigtal bezaubert mit ihrer historischen Altstadt aus Fachwerkhäusern. Verträumte Winkel, Türme, Tore und malerische Gassen laden zum Verweilen ein. Unser Weg führt uns zunächst hinauf in die Rebberge zur Jakobuskapelle. Die Wallfahrtskapelle auf dem „Bergle", wie die Erhebung von Einheimischen bezeichnet wird, wurde 1681 erbaut und war lange Zeit Anlaufpunkt für Pilger auf dem Weg nach Santiago de Compostela. An diesem Ort verehrten die Römer ihre Götter, und vermutlich diente der Berg davor bereits den Kelten und später den Germanen als Kultstätte.

Von der Jakobuskapelle spazieren wir weiter zur eineinhalb Kilometer entfernten Teufelskanzel. Dort sprang der Teufel, so erzählt es die Sage, unter schaurigem Fluchen in die Tiefe. Noch heute, so heißt es, sind seine Abdrücke im Felsen zu sehen.

Die Sage berichtet, dass der Teufel auf der Jakobuskapelle als verkleideter Bettelmönch auftauchte und dem dort lebenden Klosterbruder seine Dienste anbot. Dem Mönch kam das gelegen, denn er kränkelte seit einiger Zeit. Der Teufel übernahm seinen Platz und trat nunmehr als Mönch auf, doch bald wunderten sich die Leute über die sonderbaren Lehren, die der neue Bruder unters Volk brachte. Als schließlich eine Prozession auf dem Berg abgehalten wurde, hob ein Windstoß die Mönchskutte: Darunter waren Pferdefüße zu sehen! Voller Zorn über seine Entlarvung rannte der Teufel zur anderen Seite des Berges und stürzte sich von dort herab. Seither trägt diese Stelle den Namen Teufelskanzel. Und tatsächlich befinden sich dort seltsame Abdrücke im Felsen.

▲ *Die Jakobuskapelle auf dem „Bergle"*

Einen wahrhaft wundersamen Kraftort finden wir nur unweit der Teufelskanzel auf dem Abtsberg. Dort liegt, etwas versteckt zwischen Rebhängen und Weiden, die Portiunkula-Kapelle. Der Abtsberg gehörte seit 1745 zur Benediktinerabtei Gengenbach, bis die Abtei 1807 aufgelöst wurde. Nachdem der Berg sich einige Jahre in privatem Besitz befand, kaufte das Mutterhaus in Gengenbach 1929 den Abtsberg. Berichten zufolge wurden dort 250 Pfirsichbäume, 90 Apfelbäume, 60 Zwetschgen- und 30 Mirabellenbäume gepflanzt.

Auf dem Gelände befand sich eine Hütte, die den Schwestern, die in den Reben arbeiteten, als Unterstand diente. Im Laufe der Jahre verfiel sie und wurde schließlich vergessen. Bis zum Mai 1990, als Schwester Angelucia auf den Abtsberg kam, um zu beten. Dort fand sie die verfallene Hütte vor. Sie spürte die Kraft dieses besonderen Ortes und versprach der Mutter Gottes, an dieser Stelle eine Portiunkula-Kapelle zu errichten. Die Kapelle wurde aus Steinen eines 200 Jahre alten Hauses von Mitgliedern der Franziskanischen Gemeinschaft gebaut. Seitdem ist die kleine Kapelle ein Wallfahrtsort, von dem es heißt, dass sich viele wundersame Dinge ereignen. Ein Wanderer berichtete mir, wie er an einem heißen Tag auf dem Weg auf drei junge Frauen traf, die ihm Erfrischungen und ein Vesper anboten. Danach hat er die drei nicht mehr gesehen. „Vielleicht habe ich Engel getroffen?"

Wer die Stufen zur Kapelle hinaufsteigt, spürt die Besonderheit dieses Ortes. Und die Worte des Wanderers erscheinen mir nun gar nicht mehr merkwürdig. An diesem Ort versetzt der Glaube Berge. Alles scheint möglich. Vor dem kleinen Kirchlein liegen sorgsam beschriftete Gebetssteine mit Dank- und Bittgebeten. Das Innere der Kapelle ist erhellt von Kerzenlicht und den bunten Mosaiksteinen, durch die das Sonnenlicht strahlt. Es ist ein Ort voll Ruhe und Frieden, als wäre bereits ein Stück des Himmels gegenwärtig. Wie schön, dass es solche Orte auf Erden gibt.

▼ *Die Absprungrampe des Teufels ist heute mit einem Gitter gesichert*

▲ *Noch heute sollen sich in der Portiunkula-Kapelle wundersame Dinge ereignen*

Informationen

Anfahrt über die A 5 bis Ausfahrt Offenburg, Richtung Villingen-Schwenningen/Gengenbach/Kinzigtal fahren, auf der B 33 weiter bis Gengenbach historische Altstadt. Direkt an der Kinzig beim Stadttor befinden sich Parkplätze. Von dort folgen Sie der Ausschilderung Richtung Jakobuskapelle.
www.gegenbach.info

Wegbeschaffenheit: Leichte, rund 7 Kilometer lange Wanderung, 240 Höhenmeter mit schöner Aussicht von der Jakobuskapelle auf Gengenbach und das Kinzigtal, der Weg zur Teufelskanzel verläuft zum Teil auf schmalen verwurzelten Pfaden.

Treppenaufgang zur Portiunkula-Kapelle ▶

Achtsames Wandern

„Schau ganz tief in die Natur, und dann verstehst Du alles besser."

Albert Einstein

Ist Ihnen bewusst, dass Sie atmen, während Sie diesen Satz lesen? Wenn es Ihnen wie mir geht, dann sind Ihnen während des Lesens etliche Gedanken durch den Kopf gegangen, die sehr wahrscheinlich alle nichts mit Atmen zu tun hatten. Dabei ist das Atmen eine der wichtigsten Lebensfunktionen. Ohne Atem kein Leben.

Wir müssen uns nicht daran erinnern zu atmen. Wir atmen unbewusst und automatisch. Was aber geschieht, wenn wir uns auf unseren Atem konzentrieren, ihn bewusst wahrnehmen? Schließen Sie für einen Augenblick die Augen und holen Luft. Spüren Sie, wie die Luft in Ihre Nase einzieht und Ihre Lungen füllt. Halten Sie einen kurzen Augenblick inne, dann atmen Sie wieder aus. Wiederholen Sie das noch einmal und sagen Sie in Gedanken dabei die Worte:

„Ich bin da."

▼ *Die Natur kennt keine Hektik*

Mir fällt es schwer, mich auf nur eine Sache zu konzentrieren. Ich bin in einem unaufhörlichen „Multitasking"-Modus. Gleichzeitig verschiedene Dinge erledigen. Und das so schnell und effizient wie möglich. Ständig bin ich mit meinen Gedanken beschäftigt. Sie drehen sich um Vergangenes oder Zukünftiges, kaum aber um das, was in diesem Augenblick geschieht.

Wenn ich meine Aufmerksamkeit auf meinen Atem konzentriere, holt er mich in das Hier und Jetzt. Mit einigen wenigen Atemzügen stoppe ich den endlosen Gedankenstrom und lenke meine Energie auf den gegenwärtigen Augenblick. Das ist Achtsamkeit.

Wenn ich meine Aufmerksamkeit bewusst auf mein Ein- und Ausatmen lenke, versiegt der Strom aller möglicher Gedanken. Ich befinde mich im Hier und Jetzt. Ich komme zur Ruhe und nehme meine Umgebung auf eine neue Weise wahr.

Ich erlebe eine neue Qualität meines Daseins. Da-Sein. Ich bin da. Angekommen im Hier und Jetzt.

Die Natur kennt kein Multitasking. Es gibt in unseren Breitengraden kaum Bäume, die gleichzeitig blühen, Früchte tragen und Blätter verlieren. Alles geschieht zu seiner Zeit. Frühling, Sommer, Herbst, Winter. In unserer schnelllebigen und unbeständigen Zeit bleibt die Natur beständig.

Wenn wir uns draußen in der Natur bewegen, gleichen wir uns dem Rhythmus der Natur an. Die Natur entfaltet heilsame Kräfte. Wir atmen frische Luft, riechen den erdig-moosigen Geruch des Waldes, spüren Sonnenstrahlen oder Regentropfen auf der Haut. Draußen unterwegs sein bringt uns auf andere Gedanken, belebt unseren Geist und entspannt unseren Körper. Doch allzu oft sind wir so gestresst und mit Gedanken beladen, dass wir nicht abschalten können.

Beim achtsamen Wandern geht es nicht darum, von A nach B zu wandern, sondern um bewusstes Wahrnehmen. Normalerweise denken wir beim Gehen daran, wohin wir gehen. Wir haben unser Ziel vor Augen und beschäftigen uns damit, wie wir am schnellsten dieses Ziel erreichen. Auch andere Gedanken, was wir an diesem Tag bereits erlebt haben, welche Dinge wir noch erledigen müssen, kreisen in unserem Kopf. All das führt dazu, dass wir uns mit unserem Körper in der Natur bewegen, mit den Gedanken aber ganz woanders sind.

Achtsames Gehen kann uns dabei helfen, unsere Gedanken auf den gegenwärtigen Augenblick zu lenken.

Beim achtsamen Gehen konzentrieren wir uns auf unsere Schritte. Wir nehmen unseren Körper wahr, wie wir einen Schritt vor den anderen setzen. Wir achten darauf, wie die Füße den Boden berühren. Dabei spüren wir unsere Umgebung, wir nehmen Geräusche wahr, gehen ihnen aber nicht weiter nach. Wir konzentrieren uns weiter auf unseren Körper, erleben, wie sich unsere Lungen mit Luft füllen. Wenn unsere Gedanken abschweifen, und das werden sie sicherlich, lenken wir unsere Konzentration zurück auf unsere Schritte, bringen uns zurück in den Augenblick. Wenn ich merke, dass mich meine Gedanken einholen und ich wieder über andere Dinge nachdenke, hilft es mir, leise den Satz „Ich bin da" auszusprechen, während ich einen Fuß vor den anderen setze.

Genauso wie das achtsame Gehen hilft das achtsame Atmen dabei, den gegenwärtigen Augenblick in einer neuen Qualität zu erfahren. Dazu setzt man sich in die freie Natur. Auf eine Wiese, an einen Bach, auf eine Bank oder einen Baumstamm. Wichtig ist, dass man bequem sitzt, mit relativ geradem Rücken. Zunächst nehmen wir unsere Umgebung wahr, wir schauen uns um, hören Vögel zwitschern oder hören das Säuseln des Windes, wenn er durch die Bäume weht. Dann schließen wir die Augen und lenken unsere Aufmerksamkeit auf unseren Körper. Die Schultern sind locker, die Arme ruhen auf dem Schoß. Der Atem ist entspannt. Wir atmen ein und aus und spüren, wie die Luft durch unsere Nase strömt und unsere Lungen füllt. Danach spüren wir, wie die Luft wieder durch unseren Körper entweicht. Wir achten auf den Atem. Ist er lang oder kurz? Entspannt oder angespannt? Nichts ist in diesem Augenblick wichtiger als der Atemzug. Wir lenken unsere ganze Aufmerksamkeit auf diesen einen Atemzug. Einatmen, ausatmen. Wir achten auf den Körper, wie er sich mit Luft füllt und wie diese wieder entweicht. Wenn sich Gedanken einschleichen ist das nicht weiter schlimm. Wir entlassen die Gedanken, indem wir uns erneut voll und ganz auf den Atemzug konzentrieren. Es ist interessant zu bemerken, wie viele Gedanken plötzlich präsent sind, wenn man sich auf den Atem konzentriert. Indem wir unsere Aufmerksamkeit wieder auf den Atem richten, ändert sich auch der Fokus unserer Gedanken. „Ich bin da."

▲ *Achtsames Wandern richtet den Blick auf das Hier und Jetzt*

Die Übung lässt sich natürlich auch zu Hause durchführen. Ich empfehle anfangs nur wenige Minuten. Zwei Minuten genügen vollauf. Versuchen Sie bei einem Spaziergang fünf Minuten achtsames Gehen.

Mit diesen kleinen Übungen ist es mir gelungen, meine Umgebung und mich selbst klarer und wacher zu erleben. Ich bin nicht ständig mit meinen Gedanken woanders beschäftigt, sondern bin im gegenwärtigen Moment präsent und kann mich an meiner Umgebung erfreuen.

Überleben im Schwarzwald

Man muss im Leben für alles gerüstet sein. Besonders im Schwarzwald. Natürlich ist der Schwarzwald kein undurchdringlicher Dschungel. Er ist aber auch kein Schrebergarten. Unfälle im Schwarzwald, darunter einige mit Todesfolge, sind erschreckend angestiegen. Die Ursache ist oftmals mangelnde Ausrüstung und falsche Einschätzung der eigenen Kondition. Ich erlebe immer wieder Leute, die in Flip-Flops und ohne Rucksack im Schwarzwald unterwegs sind. Natürlich muss jeder selber wissen, was er macht. Aus meiner Erfahrung weiß ich, dass ich lieber ein bisschen Gepäck auf dem Rücken trage, als darauf zu verzichten und dann im Falle eines Falles ohne Wasser oder ohne Regenjacke da zu stehen.

Ob ich zwei Stunden wandere oder auf eine mehrtägige Tour gehe, es gibt einige Dinge, die sich immer in meinem Rucksack befinden und ohne die ich nicht aus dem Haus gehe.

Regenhülle
Es gibt Regenhüllen, die bereits im Rucksack eingearbeitet sind. Nützlich sind verschließbare Plastiksäcke, in denen zum Beispiel die Fotoausrüstung vor Staub oder Regen geschützt wird.

Regenjacke
Selbst bei schönstem Wetter habe ich immer meine Regenjacke im Rucksack. Das Wetter im Schwarzwald kann sich unglaublich schnell ändern. Eine Regenjacke bietet nicht nur Schutz vor Regen, sie hält warm, schützt vor Wind und dient als Unterlage zum Sitzen. Bewährt haben sich atmungsaktive Jacken aus Goretex-Material.

Kleidung
Im Sommer kurze bis mittellange Trekkinghosen, leichte Shirts oder Hemden aus Funktionswäsche. Ich trage seit vielen Jahren Sportkleidung aus Merinowolle. Die Stoffe sind sehr angenehm auf der Haut und riechen nicht. Im Frühjahr und Herbst hat sich das Zwiebelschicht-Prinzip bewährt: mehrere Schichten übereinander getragen, die dann jeweils an- oder ausgezogen werden.

Mütze und Mikrofaser-Tuch

Schützen vor Sonne, Wind und Regen. Mützen mit Schild schützen sehr gut vor Sonne. Mikrofaserkappen, -mützen und -tücher sind sehr leicht und passen in jede Tasche.

Schuhe

Für die meisten Wanderwege im Schwarzwald sind halbhohe Wanderschuhe ausreichend. Je schwerer und fester die Wanderstiefel, desto müder werden die Füße. Bei heißem Wetter schwitzen die Füße, was zu Blasen und wehen Füßen führen kann. Praktisch sind Trailschuhe mit griffigem Profil. Im Winter, bei Regen oder nach ausgiebigen Regenfällen ziehe ich meine Wanderstiefel vor, da der Boden sehr matschig ist und Wurzeln sich in spiegelglatte Stolperfallen verwandeln. Bewährt haben sich Gamaschen, die man über die Wanderhosen zieht, und die vor Nässe und Schnee schützen.

Socken

Sparen Sie nicht an den Socken! Genauso wichtig wie gute Schuhe sind gute Socken. Achten Sie auf eine optimale Größe. Zu große Socken scheuern und verursachen im schlimmsten Fall Blasen. Empfehlenswert sind Socken aus Funktionsstoffen oder Merinowolle. Auf keinen Fall Baumwollsocken nehmen, die sich mit Schweiß vollsaugen.

Blasenpflaster und Verbandszeug

Wiegt nicht viel und findet überall Platz.

Wanderstöcke

Sehr praktisch bei langen Touren mit viel Gepäck, aber auch bei steilen Anstiegen und Abstiegen. Wenn man die Wanderstöcke nicht benötigt, lassen sie sich einfach zusammenschieben und am Rucksack verstauen.

Wasserflasche

Trinken ist wichtig. Es gibt nichts schlimmeres, als an heißen Tagen nicht genügend Wasser dabei zu haben. Ich empfehle pro Rucksack mindestens eine Wasserflasche mit 0,75 Liter, besser 1 Liter Volumen.

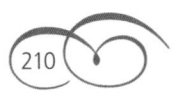

Im Schwarzwald gibt es zahlreiche Brunnen, aus denen man unbedenklich Wasser abfüllen kann. Wer sich nicht traut, füllt seine Flaschen bei einer Rast auf einer Hütte auf.

Proviant

In und um den Nationalpark gibt es zahlreiche Wanderhütten, die geniales Essen anbieten. Es gibt nichts Schöneres, als während einer Tour auf einer der Wanderhütten ein gutes Vesper zu genießen. Trotzdem sollte man immer etwas Wegzehrung für alle Fälle dabei haben. Studentenfutter oder Energieriegel helfen über einen Hungerast und geben neue Kräfte.

Taschenlampe

Bei aller Planung kommt es meist anders, als man denkt. Dunkelheit bricht über einen herein, wenn man sich mit der Zeit vertan hat und länger für eine Wanderung benötigt hat als geplant. Eine kleine Taschenlampe wiegt nicht viel und kann auf vielseitige Weise eingesetzt werden. Achtung: Batterien vor der Tour prüfen und gegebenenfalls austauschen. Im Herbst/Winter ist eine gute Taschen- oder Stirnlampe ohnehin Pflicht im Rucksack.

Wanderkarte

Sich im Schwarzwald zu verlaufen ist fast unmöglich, aber immer wieder kommt es vor, dass Leute vom Weg abkommen und nicht mehr wissen, wo sie sich befinden. Sich einzig und alleine auf sein GPS-System zu verlassen, ist auch nicht immer eine gute Idee. Eine Wanderkarte hilft, den Überblick zu behalten. Am besten, man besorgt sich die örtlichen Wanderkarten bei der jeweiligen Tourist-Information oder im Wanderzentrum.

Handyempfang

Es ist tatsächlich so: Der Schwarzwald ist noch immer ein weißer Fleck auf der Funknetz-Karte. In vielen Gebieten gibt es keinen Handyempfang. Achten Sie darauf, dass der Akku vollgeladen ist, bevor Sie sich auf Tour begeben, aber verlassen Sie sich nicht darauf, dass Sie überall und jederzeit Netzempfang haben.

Zeckenzange

Im Schwarzwald gibt es keine wilden Tiere, die einem gefährlich werden können. Die Gefahr lauert im Gras und ist winzig klein: Zecken! Der Schwarzwald gehört zu den Risikogebieten, in dem Zecken den gefährlichen FSME-Virus übertragen. Eine andere, sehr gefährliche Krankheit ist die Lyme-Borreliose, an der jedes Jahr laut Bundeszentrale für gesundheitliche Aufklärung zwischen 60 000 und 100 000 Menschen erkranken. Vor Zecken schützt keine lange Bekleidung und auch Sprays helfen nur wenig. Eine Zecke wandert oft über Stunden unbemerkt über den Körper, bevor sie sich festbeißt. Der beste Schutz vor einem Biss ist es, die Zecke zu entdecken, bevor sie sich festgesetzt hat. Man weiß nie, wo sich Zecken aufhalten. Es gibt Sommer, in denen ich wochenlang wandere, ohne eine einzige Zecke einzufangen, dann bin ich nicht einmal eine Stunde unterwegs und finde gleich zwei auf einmal, die über meine Beine krabbeln.

Mein Tipp: Suchen Sie sich beim Wandern gelegentlich ab. Für Fälle, in denen sich die Zecke bereits in der Haut festgebissen hat, habe ich immer eine Zeckenzange im Rucksack. Die Zange greift die Zecke direkt an der Haut und lässt sich herausdrehen. Nach einem Zeckenbiss muss die betroffene Hautstelle beobachtet werden. Sollte sich nach einigen Tagen eine Rötung bemerkbar machen, unbedingt zum Arzt gehen. Zeckenzangen können Sie in Ihrer örtlichen Apotheke kaufen.

Wetter im Schwarzwald

Plötzliche Wetterwechsel sind auch im Sommer jederzeit möglich. Informieren Sie sich am Wandertag über mögliche Unwetterwarnungen. Gewitter sind im Schwarzwald sehr heftig und unberechenbar. Sollten für den späten Nachmittag Gewitter angekündigt sein, richten Sie Ihre Wanderung so ein, dass Ihnen genügend Zeit bleibt, um rechtzeitig vor dem Gewitter an Ihrem Ziel oder Parkplatz zu sein.

Im Internet können Sie sich auf der Website
www.unwetterzentrale.de/uwz/badenwuerttembergindex.html
über mögliche Warnungen informieren.

Ein Wörtchen übers Örtchen

Toiletten in dieser Form gibt es so gut wie keine im Wald. Alle anderen Örtchen sind bestens markiert. Sie finden an den betreffenden Stellen zuhauf gebrauchte Papiertaschentücher. Je beliebter der Wanderweg, desto mehr weiße Tücher liegen hinter den Bäumen am Wegesrand. Das ist nicht schön und tut dem Wald nicht gut. Papiertaschentücher benötigen mehrere Monate, bis sie sich zersetzen. Deshalb eine Bitte: Wenn Sie Papiertaschentücher verwenden, dann packen Sie sie in eine Tüte und entsorgen das im nächsten Papierkorb. Das gilt selbstverständlich genauso für alle anderen Abfälle. Der Wald (und der nächste Wanderer) dankt es Ihnen.

▲ *Ein stilles Örtchen*

Weitere Informationen zum Schwarzwald

Allgemeine Informationen

Schwarzwald-Tourismus GmbH,
Heinrich-von-Stephan-Straße 8b, 79100 Freiburg,
Telefon 07 61/89 64 60
www.schwarzwald-tourismus.info

Konus-Gästekarte

Konus heißt **KO**stenlose **NU**tzung des öffentlichen Nahverkehrs für **S**chwarzwaldurlauber und ist eine geniale Sache. In 141 Ferienorten und bei 10 000 Gastgebern im Schwarzwald erhalten Urlauber ab einer Übernachtung die Konus-Karte. Die Karte berechtigt zur freien Fahrt mit Bussen und Bahnen in der gesamten Ferienregion. Mit der Karte kann man von Pforzheim bis Basel und von Karlsruhe bis Waldshut fahren.

Mit der Anreise im Urlaubsort wird die Schwarzwald-Gästekarte vom Gastgeber in einem der teilnehmenden Urlaubsorte ausgestellt. Mit dem Konus-Symbol wird die Gästekarte zum Freifahrausweis. Sie gilt im eingetragenen Zeitraum des Aufenthaltes als Fahrausweis der teilnehmenden Verkehrsverbünde in allen Bussen und Bahnen sowie in den Straßenbahnen und Bussen der Städte Freiburg und Karlsruhe.

Weitere Informationen zur Konus-Karte:
www.schwarzwald-tourismus.info/service/konus2

Nationalpark Schwarzwald

Nationalpark Schwarzwald, Schwarzwaldhochstraße 2,
77889 Seebach, Telefon 0 74 49/92 99 80,
www.schwarzwald-nationalpark.de

Baiersbronn

Baiersbronn Touristik, Rosenplatz 3, 72270 Baiersbronn,
Telefon 0 74 42 / 84 14-0, www.baiersbronn.de
Wanderinformationszentrum am Bahnhof Baiersbronn,
Freudenstädter Str. 40, 72270 Baiersbronn, Telefon 0 74 42 / 84 14 66
Öffnungszeiten: Montag bis Freitag 8 bis 16 Uhr, Samstag, Sonntag
und Feiertage: 9 bis 13 Uhr.
Öffnungszeiten vom 1. November bis 31. März: Montag bis Freitag
8 bis 12 Uhr und 13 bis 16 Uhr, Samstag, Sonntag und Feiertage:
9 bis 13 Uhr

Schwarzwald Plus-Karte

Die Schwarzwald Plus-Karte berechtigt den Karteninhaber zu freiem
Eintritt oder zur Nutzung von Attraktionen. Mehr als 80 Angebote
können gratis genutzt werden. Dazu zählen geführte Wanderungen,
Fahrten mit Sesselliften, Sommerbergbahn Bad Wildbad, Minigolf-
Spielen, Weinwanderungen mit Weinprobe, Brennereiführung mit
Verkostung, Schwarzwälder-Kirschtorten-Kurs, Eintritte in Freibäder,
Segway und Mountain-Cart fahren, Bogenschießen, E-Bike-Verleih,
Waldklettergarten, Eintritte in Museen wie Schmuckwelten Pforzheim,
Frieder Burda Museum, Burg Hohenzollern, Golfspielen und vieles
mehr.

Die Schwarzwald Plus-Karte gibt es bei Schwarzwald Plus-Gastgebern
ab zwei Übernachtungen für die Dauer des Aufenthalts.
Informationen: www.schwarzwaldplus.de

Tourismus Nördlicher Schwarzwald

Altensteig, Bad Herrenalb, Bad Liebenzell, Bad Teinach-Zavelstein,
Bad Wildbad, Calw, Dobel, Enzklösterle, Höfen an der Enz, Nagold,
Neubulach, Neuweiler, Schömberg, Wildberg:
Tourismus GmbH Nördlicher Schwarzwald, Sonnenweg 5,
75378 Bad Liebenzell, Telefon 0 70 52 / 81 69 77 0,
www.mein-schwarzwald.de

Quellenangaben

Gebauer, Hellmut J. / Vogel, Jürgen: *Graf Hubert von Calw und andere Sagen, Märchen und Anekdoten aus Calw und Umgebung*, zusammengestellt und nacherzählt von Hellmut J. Gebauer und Jürgen Vogel, Calw, Archiv der Stadt Calw (Kleine Reihe, 21), 2006.

Gfrereis, Heike (Hrsg.): *Hermann Hesses erstes Fotoalbum. 1903 bis 1016.* Hrsg. Deutsches Literaturarchiv Marbach. Deutsche Schillergesellschaft, Marbach am Neckar, 2012.

Grimm [Brüder Grimm] (Hrsg.): *Deutsche Sagen* (1816/18), 2 Bände in einem Band, München, 1976.

Gudehus, Agnes Ulrike: „Das Pferd als Opfertier", in: A. U. Gudehus, *Die Entwicklung der Pferdeschlachtung und des Pferdefleischkonsums in Deutschland unter Berücksichtigung der gesetzlichen Änderungen*, München, 2006, Kapitel 2.5 (Diss. München 2006, Onlineausgabe: <edoc.ub.uni-muenchen.de/6157/1/Gudehus_Ulrike.pdf>).

Hesse, Hermann: *Lektüre für Minuten*, Frankfurt/M., Suhrkamp, 1981.

Hesse, Hermann: *Gesammelte Briefe in vier Bänden*, hrsg. v. Ursula und Volker Michels. Frankfurt/M., Suhrkamp, 1973.

Hesse, Hermann: *Wanderung*, Frankfurt/M., Suhrkamp, 1975.

Hoffmann, J. J.: *Trachten, Sitten, Bräuche und Sagen in der Ortenau und im Kinzigtal*. Nachdruck der Ausgabe von 1899, Paderborn, Salzwasser-Verlag 2013.

Künzig, Johannes (Hrsg.): *Schwarzwald Sagen*, Düsseldorf, Eugen Diederichs Verlag 1930.

Mörike, Eduard: „Die Geister am Mummelsee", in: *Eduard Mörike's Gesammelte Schriften*. Erster Band. Stuttgart, Göschen'sche Verlagsbuchhandlung, 1878, S. 78–79.

Schnezler, August (Hrsg.):, *Badisches Sagenbuch*, Band 2, Karlsruhe, Creuzbauer und Kasper, 1846, <http://de.wikisource.org/wiki/Badisches_Sagen-Buch_II>.

Thoreau, Henry David: *Walden oder Ein Leben in den Wäldern*, München, DTV-Verlag, 1999.

Twain, Mark: *A Tramp Abroad* (1880), The Project Gutenberg EBook of A Tramp Abroad, Complete by Mark Twain, www.gutenberg.org/files/119/119-h/119-h.htm.

Wehrhan, Karl: *Handbücher zur Volkskunde*, Band 1, *Die Sage*, Leipzig, Verlag Wilhelm Heims, 1908, http://de.wikisource.org/wiki/Die_Sage.

Weitere Informationen und Webseiten

„Beschreibung des Oberamtes Freudenstadt (1858), Kapitel B 29", <http://de.wikisource.org/wiki/Beschreibung_des_Oberamts_Freudenstadt/Kapitel_B_29>

Einstein, Albert (Zitat): <www.einsteinjahr.de/page_2749.html>

Informationstafeln des Heimat- und Kulturvereins der Gesamtgemeinde Baiersbronn

Neumann, Werner: „Informationen zum Steinkreis in Schömberg-Schwarzenberg", www.schoemberg.de/de/Urlaub/Kultur/Steinkreis

www.baiersbronn.de/themen/216/de/taid,10891/themen.html

www.heilige-quellen.de/Orte_Baden-Wuerttemberg/Mummelsee/Mummelsee_Seite.html

www.klosterruine-allerheiligen.de/wissenswert-amuesant/anekdoten/spukende-moenche/

www.schwarzwald-podcast.de

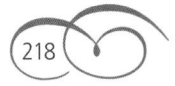

Die Autorin

Birgit-Cathrin Duval

Birgit-Cathrin Duval ist am Rande des südlichen Schwarzwalds aufgewachsen. Den dortigen Schwarzwaldgipfel, den Blauen, hatte sie von klein auf im Blick. Mit fünf lernte sie auf dem Feldberg und Hochkopf das Skifahren. Im Herbst sammelte sie mit ihrer Mutter am Blauen Pfifferlinge. Vom Mummelsee existiert ein Foto, das sie auf einem Esel sitzend neben dem Mummelseegeist zeigt. Ein Erlebnis, das nicht ohne Folgen blieb. Der Mummelseegeist mit seinem Dreizack jagte ihr einen gehörigen Schrecken ein. Deshalb zog sie lieber in die Ferne und erkundete die weite Welt. Nach einem Studium an der University of the Nations in Hawaii kehrte sie zurück nach Südbaden und absolvierte ein Praktikum beim Fotografen Rolf Frei.

Seit 1994 arbeitet Birgit-Cathrin Duval als freie Journalistin und Fotografin. Und sie wagte sich erneut in den Schwarzwald. Der Mummelsee war immer noch da, der Geist nicht mehr zu sehen. Der Bann war gebrochen und Birgit-Cathrin Duval machte sich auf, den Schwarzwald neu zu entdecken.

Ihre Reportagen über den Schwarzwald und Kanada erscheinen regelmäßig in namhaften Zeitungen und Magazinen. Für ihre Reportage über Eisbären in Kanada wurde sie mit dem kanadischen GoMedia Award 2013 für die beste internationale Reisegeschichte über Kanada ausgezeichnet. Im August 2014 erhielt sie bei der GoMedia Preisverleihung in Kanada von der Canadian Tourism Commission die höchste Auszeichnung, den Top Award of Excellence.

Als Produzentin und Moderatorin des Schwarzwald-Podcast (www.schwarzwald-podcast.de) erkundet sie neue Wanderwege, trifft urige Schwarzwälder Charaktere und nimmt ihre Hörer live mit in den Schwarzwald.

Auf ihrer Website www.takkiwrites.com berichtet sie über ihre Reisen und Projekte und unterhält sich mit interessanten Menschen.

„Der Schwarzwald ist für mich ein Kraftort. Im Wald die Tannen riechen, am Ufer des Wilden Sees sitzen und die Stille genießen, auf längst vergessenen Pfaden Schluchten und Gipfel erkunden, nachts in einen funkelnden Sternenhimmel blicken. Hier spüre ich mich, hier bin ich ganz bei mir. Das sind Momente, die mein Leben ungemein bereichern."

Birgit-Cathrin Duval

DANKE an alle,
die mich bei meinen Recherchen unterstützt haben:

Baiersbronn Touristik
Otto Züfle vom Hauff Märchenmuseum
Nationalpark Schwarzwald
Almbader Reinhard Bosch
Wanderkoch Friedrich Klumpp
Köhler Thomas Faißt
Tourismus Nördlicher Schwarzwald

Meinen Mitwanderern Axel Duval, Wolfgang Tischer
und Frank Dufner

Dem Verlag Oertel+Spörer, der sich mit mir
auf das Abenteuer Schwarzwald eingelassen hat.

Orts- und Sachregister

Aus der Reihe »Kraftorte«

Kraftorte am Bodensee

Dieses Buch spürt Kraftorte am Bodensee auf.
IRENE MÄRKLE-HANEL beschreibt Wege zu
uralten Heiligtümern und geheimnisvollen
Plätzen zwischen Lindau und Stockach.
Innere Stille und „Seelenheiterkeit" stellen
sich an diesen Kraftorten wie von selbst ein –
manchmal schon auf dem Weg dorthin.

ISBN 978-3-88627-453-6

Kraftorte und Kraftwege

URSULA MAICHLE-SCHMITT führt zu Orten
auf der Schwäbischen Alb und im Albvorland,
die eine besondere Ausstrahlung besitzen.
Es sind Orte und Wege, die für die Autorin
persönlich zur Kraftquelle wurden und deren
Anziehungskraft auf den Leser übergeht.

ISBN 978-3-88627-243-3

Die Angaben in diesem Buch sind von der Autorin sorgfältig recherchiert und geprüft, dennoch kann eine Garantie nicht übernommen werden. Eine Haftung der Autorin bzw. des Verlages und seiner Beauftragten für Personen-, Sach- und Vermögensschäden ist ausgeschlossen.

Sämtliche Teile des Werkes sind urheberrechtlich geschützt. Jede Verwertung außerhalb der engen Grenzen des Urheberrechtsgesetzes ist ohne die schriftliche Zustimmung des Verlages unzulässig und strafbar. Das gilt insbesondere für Vervielfältigungen, Übersetzungen, Mikroverfilmungen und die Einspeicherung und Verarbeitung in elektronischen Systemen.

Bildnachweis:
Umschlagfoto: Birgit-Cathrin Duval, Rückseite: Birgit-Cathrin Duval
Alle Fotos im Innenteil: Birgit-Cathrin Duval
Übersichtskarte: © Anneli Nau, München

© Oertel + Spörer Verlags-GmbH + Co.KG · 2018
2., aktualisierte Auflage
Postfach 16 42, 72706 Reutlingen
Alle Rechte vorbehalten
Gestaltung und Satz: Uhl + Massopust, Aalen
Druck und Bindung: Grafisches Centrum Cuno, Calbe
Printed in Germany
ISBN 978-3-88627-371-3